"十二五"国家重点图书出版规划项目
北京市社会科学理论著作出版基金重点资助项目

GZC 高校主题出版 GAOXIAO ZHUTI CHUBAN

/ 总主编　韩　震 /

社会主义核心价值观·关键词

平　等

吴晓云　编著

中国人民大学出版社
·北京·

序　言

平等，这个神圣的字眼，千百年来，一直激励着广大人民为美好生活而不断努力。早在秦朝末年，陈胜、吴广农民起义，就曾向不平等的专制制度发出“王侯将相宁有种乎”的呐喊。南宋钟相、杨么等农民领袖，进一步提出“等贵贱，均贫富”的革命口号。太平天国运动将“有田同耕，有饭同食，有衣同穿，有钱同使，无处不均匀，无人不饱暖”作为基本社会纲领。近年来，西方资产阶级启蒙思想家赋予平等更新的时代内涵，使平等成为一个普遍价值观念深深地印刻在人们的心里。平等是社会主义核心价值追求。16世纪空想社会主义作品《乌托邦》描绘了一个消灭剥削、消灭压迫、政治平等、人人劳动的理想社会。科学社会主义创始人马克思、恩格斯，对资本主义不平等社会关系所产生的经济根源作了彻底揭露，并为全人类规划了一个消灭剥削、消除两极分化的共产主义社会。中国共产党人在马克思主义理论指引下，把平等作为中国特色社会主义核心价值理念，科学发展社会主义各项事业，为消灭剥削、最终实现共同富裕的理想而不懈奋斗。

平等，作为观念的上层建筑，总是具体的、历史的，带有一定阶级性的。在中国这个正处于社会主义初级阶段的社会主义国家里，平等首先是宪法和法律所规定的公民权利和公民义务，任何组织或个人都不得拥有超越法律以外的特权，也不得受到超越法律以外的处罚。其次是平等的人格内涵。在现代社会，人有贫富之分、知识多寡之别，但绝无人格高下之界。中国公民在任何时候、任何地点，普遍享有最起码的受人尊重的基本人身权利，包括生命权、健康权、姓名权、肖像权、名誉权、隐私权等等。平等不只限于每个人基本的生存权，而且包含每个人平等的发展权。在全面建成小康社会的历史条件下，人人拥有平等参与、平等选择、平等竞争的机会，被广大人民认为是平等的核心内容。只有让人民共同享有人生出彩的机会，共同享有梦想成真的机会，共同享有同祖国和时代一起成长与进步的机会，中国特色社会主义才能和谐稳定、可持续地健康发展。

平等是社会主义核心价值理念，是中国特色社会主义社会不可或缺的价值追求。社会主义公平观包含平等要素。当每一个人都平等地享有应该享有的权利、平等地履行应该履行的义务、平等地获得应该获得的收益，这个社会就是公平正义的社会。平等是自由发展的前提。马克思说："每个人的自由发展是一切人的自由发展的条件。"① 只有在消除特权、人人平等的社会环境下，人们才能维护自己的自由发展，同时也维护他人的自由发展。平等是依法治国的条件。依法治国是中国特色社会主义基本治国方略，而法治的根本基础是"法律面前人人平等"。没有这一基础，法治就可能被滥用，成为强权的借口；法律就可能失去权威性，沦为一纸空文。因此，全面推进依法治国，依法维护每个人的自由权利，真正落实社会主义公平正义的原则，都必须大力弘扬平等价值观，将人人平等的价值理念贯彻到底。

在全面建成小康社会，夺取中国特色社会主义新胜利的历史进程中，平等作为一种核心价值目标，在我国政治制度、法律制度、

---

① 《马克思恩格斯选集》，2版，第1卷，294页，北京，人民出版社，1995。

经济制度、社会制度等各项社会主义制度当中，都有不同层次、不同内容的具体规定。大致来讲，现阶段制度安排的主要任务是：着力实现政治领域的权利平等、经济领域的分配平等、社会领域的实质平等，努力营造公平正义的社会环境，为实现人人平等参与、平等选择、平等发展的社会主义和谐社会而不懈奋斗。

目 录

第一章

平等观念的由来

平等，是当代中国社会主义核心价值体系的重要内容，也是整个现代社会最重要、最基本的价值理念。然而，从思想史的角度看，平等的观念并不为现代人所独有，早在人类文明诞生之初就已经有了朴素的平等观。正如恩格斯所说："一切人，作为人来说，都有某些共同点，在这些共同点所及的范围内，他们是平等的，这样的观念自然是非常古老的。"①

一、中国古代平等观

中华民族是一个历史悠久的伟大民族。与世界其他文明古国一样，中国的平等观念源远流长，尤其是代表着古代社会主流价值导向的儒家思想，对平等观的理论表述最具典型性和系统性。

第一，在人性论基础上阐释平等概念。孔子说："性相近也"，"己所不欲，勿施于人"。人的本性是相同的，每个人都具有独立的内在价值，任何人不得以一己之私强加于人。人与人之间，在认识道德和成就道德的可能性上是没有差别的。正所谓"人皆可以为尧、舜"，"满街人都是圣人"。只要在日常生活中严格要求自己，按照圣贤的标准修身养性，人人都可以成为像尧、舜那样品德高尚的人。

第二，在政治理想上关照平等。《礼记》曾用言简意赅的文字传诵一个"天下为公"的大同社会。在这个大同社会里，生产资料以及其他一切的社会财富，由全体社会成员共同占有。所有人都必须参加社会劳动，不存在不劳而获的特权阶级。政治机会向所有人开放，只要是德才兼备的仁人志士就有平等的机会参与政事。社会福利在各成员之间公平分配，男女老少、鳏寡残疾各得其所，

① 《马克思恩格斯选集》，2版，第3卷，444页，北京，人民出版社，1995。

平等地享受各自适宜的社会供养，没有富贵贫贱之分、高低上下之别。总之，平等互助的原则，是儒家对大同社会未来构想的基本治世原则。

相关链接

> 大道之行也，天下为公。选贤与能，讲信修睦，故人不独亲其亲，不独子其子，使老有所终，壮有所用，幼有所长，矜寡孤独废疾者，皆有所养。男有分，女有归。货，恶其弃于地也，不必藏于己；力，恶其不出于身也，不必为己。是故谋闭而不兴，盗窃乱贼而不作，故外户而不闭。是谓大同。
>
> ——《礼记·礼运》

第三，在经济论上贯穿平等原则。孔子提出，政在“使民富”，“不患寡而患不均”。这就是说，社会的根本问题是经济平等。经济平等既是保障人们的生存权和人格权的重要手段，更是统治者维系其正常统治的必要条件。只有首先满足了人们最起码的物质生活需求，他们的自然生命才能得以保全。其次是只有在保全生命的基础上，人们才有余力提升自己的道德品质和人格尊严。最后，只有当人们的道德水平得到了普遍提升，一个秩序井然的社会环境才能被构建起来。因此，为了保障每个人的基本物质生活需要而减轻赋税，为了避免人与人之间贫富悬殊过大而“藏富于民”，是儒家所积极倡导的治国安民之道。

此外，儒家的教育论和交友观等思想也体现了一定的平等精神。然而，肯定儒家对平等观念的理论贡献并不意味着儒家思想决然不包含不平等的特点。古人云：“凡事有经必有权。”经者，不易之常理也；权者，据时之变通也。普遍规律固然重要，但更重要的是现实的差异性。因此，从这个意义上讲，儒家思想对平等的原则性认同，离不开对不平等社会的现实体验。可以说，正是对封建等级制度的辩证反思，成就了儒家的平等学说。孟子说，

“人皆可以为尧、舜”，但又说，“尧、舜之道，孝弟而已矣”。尽管在成就道德的可能性上，儒家思想家们承认人人是相同的，然而，这种相同性，在儒家那里，断然不能转变为社会实践的平等性。在现实生活中，由儒家思想所主导的古代中国是一个典型的封建等级社会。

相关链接

然则治天下独可耕且为与？有大人之事，有小人之事。且一人之身，而百工之所为备，如必自为而后用之，是率天下而路也。故曰或劳心，或劳力；劳心者治人，劳力者治于人；治于人者食人，治人者食于人，天下之通义也。

——《孟子·滕文公上》

从周朝开始直至清朝末年，几千年来，等级一直存在于以血缘关系为纽带的封建家庭。封建家庭的组织形式是父权家长制的。父祖是家庭统治的首脑，一切权力都集中在他的手中。所有人包括他的妻妾子孙、未婚的女儿孙女、同居的卑亲属，以及家中的奴婢，都在父权之下，经济上、宗法上、政治上的自主权全都掌握在父祖的手里，他的权力神圣不可撼摇。当然，家庭中上下尊卑的关系不止是父祖与其他成员之间的两极分化，还包括夫妻、兄弟、亲疏、主仆等重重叠叠的优越与从属关系。幼事长，卑事尊，享受当让父兄，劳作则子弟任之。家庭地位互不相同，彼此间权利义务的分配关系也不一样。一切享乐与家庭地位高低成正比，家庭中的尊长不仅具有内部的权威，在社会上，也比幼辈拥有更多的政治法律权利。

等级，还存在于以家庭本位为基础的社会制度中。每一个封建家庭通过对其内部等级制的维持而实现对国家的责任，整个社会的等级秩序由此形成。类似于家庭关系的长幼尊卑，社会分工也呈现为贵贱的分野。孟子曰：“劳心者治人，劳力者治于人；治于人者食人，治人者食于人。”劳力者农、工、商贩以技艺生产为基业，侍奉劳心者士大夫阶层；士大夫阶层则以治国安民之术而接受劳力者的供奉。他们各司其职，彼此间形成两大对立的社会依附关系。此外，即便是同为士大夫阶层，因天子、诸侯、卿大夫、士身份的差别，仍有严格的等级区分。管子云：“度爵而制服，量禄而用财，饮食有量，衣服有制，宫室有度，六畜人徒有数，舟车陈器有禁。”① 可见，封建官僚机制严格按照官爵的高低制定待遇的等级，根据俸禄的多少规定花费的标准。

一个等级森严的封建社会，通过政治法律、人伦礼教、经济制度等各种途径，强行规定了不同阶层不同的生产、生活方式和不同的权利、义务分配方式，其中，士大夫阶层是这个社会的特权阶级。所谓“礼不下庶人，刑不上大夫”。封建的法律只是专为平民百姓设置的法律，它是官僚贵族统治人民的政治工具，官僚贵族自己全然立于法律之外，不受其拘束及制裁。并且，凭借政治上、法律上的特权地位，他们在经济上巧取豪夺、毫无顾虑地剥削和压榨平民百姓，使他们自己享受荣华富贵，而老百姓则沦落为政治经济严重依附于他们的贫民。

为了摆脱被剥削、被压迫的地位，为了实现心目中平等社会的理想，广大农民向封建贵族和地主阶级展开了一次又一次英勇的斗争。早在秦朝末年，陈胜、吴广领导的农民起义就曾向不平等的封建制度提起抗议——“王侯将相宁有种乎？”南宋期间，钟相、杨么明确提出“等贵贱，均贫富”的政治主张。明末李自成起义，进一步将“均贫富”这一政治诉求付诸实践，颁布了均田制法令。19世纪50年代，太平天国农民革命提出了迄今为止最为完整和系统的农民平等思想，它代表了中国农民平等运动乃至世界农民平等运动的最高峰。

---

① 姜涛：《管子新注》，29页，济南，山东出版集团，2009。

相关链接

> 凡当收成时，两司马督伍长除足二十五家每人所食可接新谷外，馀则归国库。凡麦豆苎麻布帛鸡犬各物及银钱亦然。盖天下皆是天父上主皇上帝一大家，天下人人不受私，物物归上主，则主有所运用，天下大家处处平均，人人饱暖矣。此乃天父上主皇上帝特命太平真主救世旨意也。
>
> ——罗尔纲：《太平天国史纲·天朝田亩制度》

首先，政治领袖洪秀全创立了一整套完整的、反封建的平等理论。“开辟真神唯上帝，无分贵贱拜宜虔。”洪秀全抬出“上帝”这尊“真神”，荡扫封建社会的各路神仙，破除封建迷信对人的精神统治。他说：“天父上帝人人共”，“天下总一家，凡间皆兄弟”。所有的人作为上帝的子民，不存在君子与小人、士绅与贱民的分界，是官僚地主这些“阎罗妖”，故意炮制出等级观念和特权制度来“缠捉磨害”老百姓，使得他们自己凌驾于平民百姓之上尽享世间富贵，而普通劳动者过着暗无天日、穷困潦倒的日子。因此必须彻底铲除封建专制统治，为广大农民还原一个“共享太平”的平等社会。

其次，太平天国在基本经济制度上坚持平均主义路线。《天朝田亩制度》明文规定，“有田同耕，有饭同食，有衣同穿，有钱同使，无处不均匀，无人不饱暖”，这充分体现了农民阶级要求消灭私有制、实现财产公有的经济平等观。并且，在此平等观的基础之上，太平天国领袖们进一步制定了平分土地、平分收入等各项具体制度。一方面，通过“分田照人口，不论男妇”的土地分配方案，保障了人人拥有平等面积大小、平等肥瘦程度的土地资源；另一方面，采取“圣库制度”，杜绝了私有财产，使社会财富在农民军内部实现了共同占有、共同享用和共同管理。

最后，对地方政权的组织架构实施保举和升贬制度。由于太平天国长期处于战争状态，它的地方政权从来不是纯粹的行政机关，而是兼管社区政务的军事单位，这就对地方官员的文才武略能力要求非常全面。据《天朝田亩制度》记载，平日里，地方官员的职责是领导百姓进行农业生产，如果遇到战事，他们则需带兵打仗，杀敌捕贼。太平天国一般采取层层负责的公举制。以“能遵守条命及力农者”为标准，上级官吏公开推举其下级，并对其下级的政绩全面负责；各级官吏每三年公开考核一次，“贤迹”者得以升迁、“劣迹”者必遭贬黜；当下级官吏因功受赏得到升迁时，作为保举人的上级官吏一同受赏晋升，反之则同样受罚遭贬。这种有任期的公开保举制度是对封建专制的有力否定，在一定程度上体现了农民阶级的朴素的民主意识。

太平天国所提出的平等纲领，激励了当时无数的农民兄弟，投身于反封建专制的革命运动当中。历时 14 年，太平天国运动将势力范围发展至半个中国，先后在 18 个省份组建了政权，实施了反映农民阶级平等要求的政治经济政策，这是中国历史上甚至是世界历史上规模空前的农民平等运动。然而，由于农民阶级所固有的小农意识的阶级局限性，再加上 19 世纪中后期内外交困的客观历史条件的限制，这场轰轰烈烈的平等运动最终走向了失败。从太平天国运动失败的经验教训中可以看出，中国古代的农民阶级平等思想普遍存在自发性、盲目性和空想性等本质特点。

古代农民的平等诉求，是对不平等封建制度的自发反抗。恩格斯说，农民的平等要求，是“对明显的社会不平等，对富人和穷人之间、主人和奴隶之间、骄奢淫逸者和饥饿者之间的对立的自发反应——特别是在初期，例如在农民战争中，情况就是这样；它作为这种自发反应，只是革命本能的表现”①。封建制是一个集专制、等级和特权于一体的超强政治压迫和经济剥削的制度。官僚地主凭借其政治经济的特权地位，最大限度地奴役和盘剥以农民为主体的广

① 《马克思恩格斯选集》，2 版，第 3 卷，448 页，北京，人民出版社，1995。

大群众，使老百姓的生存处境日趋恶化，甚至到了走投无路的绝境。面对贵族地主的高官厚禄和数不清的财富，农民阶级本能地感到，自己的卑贱身份和贫困生活是极端不公平、不合理的。为此，他们揭竿而起，不惜用血与火的暴力和官僚贵族及地主阶级作坚决的斗争。然而，农民阶级一方面是被剥削被压迫的阶级，另一方面又是私有财产的保有者。与地主阶级相比，所不同的是农民阶级是由一群地位卑贱、经济贫穷、随时可能破产的小私有者构成的。这种随时随地面临破产威胁的小生产者境遇，决定了他们永久地怀抱着平分财产的简单欲望。并且，由其小农经济地位造成的阶级局限性，使广大农民群众看不到社会发展的动力和方向，因而在财富很有限的情况下，他们往往借助于宗教的形式，来表达自己对不平等社会现象的反抗情绪，以及对平等世界的超现实想象。而带有宗教色彩的平均主义平等观，难免带有盲目和空想的成分，甚至还有一定的历史落后性和反动性。马克思总结道，这是一种“粗陋的共产主义”，是“对较富裕的私有财产怀有忌妒和平均化欲望”的一种行动表现。

总之，农民的平等观，代表的是大多数人的基本利益，反抗的是极不平等的封建社会现实，从这一点来说，比传统儒家思想要进步得多、光明得多。但是，其自身的阶级局限性使得他们对平等的思考过于表象化、理想化，因此，难以在现实中取得真正的成功。平等社会的实现，注定还要走相当长的一段历史路程，由更先进、更革命的阶级去探索和实践。

二、近代西方平等观

近代平等观念的发展进入一个前所未有的历史高潮，其中，最具影响力的理论贡献来自西方资产阶级思想界。从英国思想家霍布斯、洛克，到法国启蒙运动倡导者伏尔泰、孟德斯鸠、卢梭、狄德罗、爱尔维修等，他们都承认天赋人权，人在自然状态下是平等自由的，也承认政治社会中人们在法律面前享有普遍的平等权利。在此基础上，卢梭还进一步分析和批判了造成人与人之间不平等的社会起源——私有制，他指出，实现人类平等的根本途径是，以契约精神为指导建立"主权在民"的现代国家。

▶ 相关链接

奴隶制的建立是有伤天性的；只有改变了人的天性，才能使奴隶制长久存在。法学家们口口声声说什么奴隶的孩子生下来就是奴隶，其实，他们真正的意思是说人生下来就不是人。我认为这一点是肯定的：政府并不是一开始就是专制政权；专制制度是政府腐败造成的，是走向极端的结果。它使政府又回到只有依靠最强者的权力才能存在的地步，虽然当初政府正是为了纠正最强者的权力的弊端才建立的。此外，纵使政府一开始就是专制政权，这个政权就其性质也是不合法的，是不能作为各种社会权利的基础的。

——［法］卢梭：《论人与人之间不平等的起因和基础》

第一，人生来是平等的，所有的人平等地拥有实现其美好生活而不可剥夺的自然权利。霍布斯说："自然使人在身心两方面的能力都十分相等。"① 虽然不同的人在体力上可能有所不同，但是，个体间的自然差别并不大到足以使某个人凌驾于别人之上，因为一个人无论多么强悍，也经受不住体力弱小的人群联合起来的力量。至于智力或者说理性方面，那就更平等了。只要是人都具备理性，既没有生来智力超群而宜于"治人"的奴隶主，也没有体格健壮而全无智慧的奴隶。理性不是什么天生神器，它只是人们对经验的一种认

① ［英］霍布斯：《利维坦》，92页，北京，商务印书馆，1985。

识能力，相等的时间可以使人们在同样的事物中获得相等的理性分量。对于每一个成年人来说，都有足以自治的理性，没有谁会愚蠢到不愿意自己管理自己的事务而宁愿治于人。总之，无论是体力还是智力，人在自然状态下都是平等的。这种平等不仅体现在人的生理特点，而且体现在人们对一切外在事物的占有欲上。当许多人同时想要同一样东西，而这东西既无法被共享也无法被分割的时候，人与人之间的战争就爆发了。为了避免战争状态，进入政治社会成为人类的一种必然选择。

第二，人人拥有平等的政治权利。按照洛克的说法，自然状态虽然是一种平等的状态，但也有不可克服的内在缺陷，如缺乏明确的法律、公正的裁判和对判决的执行力，这就给人性的弱点留下了可乘之机。人性的自私、心地不良、感情用事、报复心理等感性因素，往往利用自然状态的上述缺陷，肆意发动战争破坏人们对自然权利的平等享有。为了有效地维持秩序、避免冲突，从而保障人人平等的自然权利特别是他们的财产权，理性的人们联合起来建立国家并将自己置于政府的权威之下。如此说来，国家起源于平等主体之间平等的社会契约，而不是古老的父权制，那种由长者、智者、尊贵者统治“低级的”普遍人的专制国家是完全没有根据的。首先，由人们同意并加以委托的政府，是一个合法的主权组织。它应该用正式公开、明确既定的法律条文保障人民的自然权利免受侵犯，除此之外，政府不得以任何积极意义上的目的实行统治。其次，所有的人不分贫富贵贱平等地适用法律，即使是法律的制定者和执行者也无一例外。最后，为防止政府滥用主权、复辟专制，政府的权力应该采取必要的分立和制衡，一旦政府在实际运行中出现了违背人民委托的行径，人民可以通过暴力革命的方式推翻现有政府再立新政府。

第三，用民主共和制保障平等的自然权利转换为平等的政治权利。在卢梭看来，从自然状态过渡到政治社会状态，是人类本性中

“自我完善化的能力”作用的结果。然而，由这种人类的本能所催生的政治社会，首先是一个以私有财产为基础的专制社会。换句话说，私有财产观念并不像洛克所说的那样，一开始就在自然人的头脑中形成了，它实际上是社会的产物。“谁第一个把一块土地圈起来，硬说‘这块土地是我的’并找到一些头脑十分简单的人相信他所说的话，这个人就是文明社会的真正的缔造者。”① 私有财产的产生，使人类依次出现了富人和穷人、统治者和被统治者、主人和奴隶等不平等社会现象。为了有效遏制私有制对平等的自然权利的破坏，卢梭提出人民主权思想。全体人民通过平等协商订立契约建立国家、成立政府，并从此成为国家的共同主人。国家，因为接受人民的“公意”而形成主权，对社会各成员具有普遍的强制力。但是，国家主权由“公意”而不是“众意”构成，它所体现的是一种公共利益的内在要求，而不是私人利益的外在加总。因此，从绝对意义上讲，主权的实际归属者仍然是全体人民。人民是所有基本政治活动中不可或缺的主体，必须由人民直接行使国家主权。政府只是人民行使主权的辅助机构，作为主权的执行者，它的权力来自“公意”的委托，人民可以限制、改变或者收回委托给政府的权力。对政府行为的制约与监督，人民是通过定期集会来实现的。在此集会上，永远只有两个提案，一是是否保留现有政府，二是是否同意留任现有官员。由此可见，在人民主权思想的指导下建立起来的国家和政府，将平等精神发挥得淋漓尽致。

自西方资产阶级思想家把平等当作社会的一项基本价值加以论证之后，平等原则彻底走出了古代形而上学的道德境地，开始在现实的历史活动中发挥永久的号召力。18 世纪的法国大革命，从某种意义上说，就是平等原则的第一次伟大实践。这场革命的矛头直指贵族特权。

① ［法］卢梭：《论人与人之间不平等的起因和基础》，85 页，北京，商务印书馆，2007。

相关链接

有一种激情渊源更远更深，这就是对不平等的猛烈而无法遏制的仇恨。这种仇恨的产生和滋长的原因是存在不平等，很久以来，它就以一种持续而无法抵御的力量促使法国人去彻底摧毁中世纪遗留的一切制度，扫清场地后，去建立一个人道所允许的人人彼此相像、地位平等的社会。

——［法］托克维尔：《旧制度与大革命》

大革命前的法国，封建贵族拥有一系列特权。他们不仅世代享受崇高的社会地位，而且在经济上拥有免税权。与之形成鲜明对比的是，包括资产阶级、工人和农民等在内的广大平民，承担了全部的财政负担却处在社会的最低等级。政治、经济上的极端不平等，激起了资产阶级和其他平民的强烈不满。而上述先进的资产阶级思想家们对平等的自然法论证以及对封建专制不合理性的揭露，为革命的爆发已经做好了舆论上的准备。尤其是卢梭的人民主权理想，将大量的工人和农民群众吸引到革命队伍中来，与资产阶级一道肩负起摧毁封建制度的任务。终于，革命的条件酝酿成熟。1789 年，法国人民在“自由、平等、博爱”的政治口号感召下，攻占了象征封建统治堡垒的巴士底狱，大革命正式爆发。革命期间，新成立的人民议会着重宣布：“在权利方面，人们生来是而且始终是自由、平等的”，“一切特权，一切财产的封建性质和贵族性质概予废除。长子继承权，在分配上的男子特权以及由于门第不同而实际的不平等分配概予废除”……这些决议对封建等级制度进行了彻底清算，也对平等法权第一次予以公开确认，从此以后，法律面前人人平等的观念成为一种基本的社会价值理念，深入资本主义民主政治生活的方方面面。

从封建主义到资本主义，以争取平等为核心的法国大革命走出了一条真正革命化的道路，成为近代世界历史的中心。作为资产阶级革命，它废除了封建专制统治，使资本主义民主共和制在法国历史上发端，大大推进了资本主义工商业的发展。作为争取平等的平民革命，它以基本法的公开文本取消了封建贵族特权，使全体公民都有行使平等权利的政治自由，这不仅对资产阶级，而且对工人、农民群众，都是一次思想的解放。因此，马克思高度评价说："平等是法国的用语。"但同时，法国议会把财产权与不可剥夺的天赋人权置于同等地位，这就使得"平等原则又由于被限制为仅仅在'法律上的平等'而一笔勾消了，法律上的平等就是在富人和穷人不平等的前提下的平等，即限制在目前主要的不平等的范围内的平等，简括地说，就是简直把**不平等**叫做平等"。随着资本主义在法国乃至整个西方社会迅速发展，阶级关系发生了新的变化，社会日益分裂为资产阶级和无产阶级，资产阶级对劳苦大众进行的残酷剥削，使资本主义社会内部实际不平等的弊端日益暴露。在这样的背景下，出现了代表无产阶级平等心声的空想社会主义思潮。

相关链接

我将现今各地一切繁荣的国家反复考虑之后，我断言我见到的无非是富人狼狈为奸，盗用国家名义为自己谋利。他们千方百计，首先把自己用不法手段聚敛的全部财富安全地保存起来，其次用极低廉的工价剥削所有穷人的劳动。等到富人假借公众名义，即是说也包括假借穷人的名义，把他们的花招规定为必须遵守的东西，这样的花招便成为法律了！

然而，这些坏蛋虽把可以满足全体人民的一切财富都私相瓜分了，他们还是远远享受不到乌托邦国家的幸福啊！

——［英］托马斯·莫尔：《乌托邦》

空想社会主义者对资本主义社会经济、政治不平等现象进行了深刻揭露和全面批判。圣西门指出，资本主义制度，相比于奴隶制度和封建制度，是一种"新的奴役形式"。资本家凭借资本雇佣劳动，将工人劳动创造的财富大量聚集在自己手里，同时使劳动者日益贫困直至一无所有，从而被迫沦为资本的奴隶、劳动的工具。可见，资本主义“文明制度”在本质上“只是巧妙地掠夺穷人和使富人发财致富的组织”。不仅如此，这种制度还直接导致了资本家与工人之间在政治利益上的极不平等。英国的圈地运动就是政治压迫的一个典型案例。当时，新兴资产阶级不但造成“羊吃人”的悲剧景象，而且通过国家权力强迫流离失所的农民接受雇佣劳动纪律，成为政治上没有独立人格和平等地位的“贱民”。这是多么残酷的政治专制！用欧文的话来说，资本主义政治法律都“是极端不义的，它们在弱者同强者冲突时是被用来压迫弱者的”。

通过对资产阶级经济特权和政治特权的无情批判，空想社会主义思想家们对未来社会的经济、政治制度提出了设想。他们认为，私有制是一切不平等现象的根源，也是不平等加深和扩大的推动力，因此，要消除不平等，建立人人平等的社会制度，首先要消灭私有制，建立财产占有的公有制。在康帕内拉所设计的“太阳城”里，应该“人民都是富人，但同时又都是穷人；他们都是富人，因为大家共有一切；他们都是穷人，因为每个人都没有私有财产；他们使用一切财富，但又不为自己的财富所奴役”。除此之外，空想社会主义者在政治上继续坚持人民主权的观点，积极倡导民主选举、集体领导的政治组织形式，并在制度操作的层面上力主定期选举制度、群众监督机制等，试图将“法律面前人人平等”的历史承诺落在实处。圣西门指出，未来社会制度“要使政府对整个社会有益，而不像在目前的政治制度还可以看到的那样，只对社会上的一个阶级有好处”，即只对资产阶级有好处，对工人阶级而言有的只是“贫困与痛苦”。

空想社会主义者在继承和批判资本主义政治平等传统的同时，提出了关于社会平等的崭新理论，在当时的历史条件下，把平等思想从形式平等推进到实质平等的高度。按照圣西门的说法，平等不能简单地归结为人们在财产占有上的平均主义，而是指在社会生活中和获取财富的过程中相同的社会环境和际遇条件。一个人能否按照他的才能和贡献，得到与之相匹配的社会地位和经济收入，是这个社会是否平等的首要标志。此外，实现平等的社会基础是普及劳动，即所有人都应当是劳动者，旧社会特权集团的寄生虫现象必须绝迹，一个良好的社会应该是劳动者的联合体。由于劳动有体力劳动和脑力劳动的区别，不同的劳动主体由于自身条件的不同，存在劳动能力上的差别，因此，社会平等应该体现为能力和贡献与收入和地位成正比，即实行“按劳分配”的原则。当然，按劳分配的原则还不是社会平等的终极标准，当社会生产的发展达到高度发达状态的时候，“按需分配”的原则将会成为社会平等的重要指标。由此可见，空想社会主义的平等思想注重平等的内容和基础，以及平等与社会发展的辩证关系，从而初步解释了关于社会平等的几个重要问题。

综上所述，近代西方资产阶级平等观是资产阶级反对封建专制制度、建立资本主义新制度的社会革命的精神产物。它既有历史进步性，也有局限性。进步性主要表现在：打破了长期以来封建主义的等级观念，提出人生而平等、法律面前人人平等的进步观念。这不仅对资产阶级，而且对其他一切阶级，都是一次伟大的思想解放。但是，资产阶级平等观存在形式与内容之间的严重背离。在资本主义私有制的社会条件下，政治、法律上的平等只是一纸空文。事实上，资产阶级由于掌握大量社会财富而获得经济特权和政治特权，工人阶级则沦落为经济贫困的弱势群体。基于对这种新的不平等现象的深刻思考，空想社会主义者提出了一些很有见地的平等思想。他们对资本主义私有制经济和资产阶级民主政治进行了辛辣批判，表达了实现真正的经济平等、政治平等、社会平等的强烈愿望，把人们的思路引向无产阶级平等观的正确轨道。但是，空想社会主义平等理论产生于不成熟的资本主义生产状况，与不成熟的阶级斗争状况相适应，因此，它的观点不仅带有资产阶级平等思想的阴影，而且有明显的空想性质，存在一些重大的缺陷。

首先，空想社会主义者同资产阶级思想家一样，将平等的基础建立在抽象人性论观点之上，把平等归结为自然人的感性身体和理性精神的平等。其次，他们虽然认识到社会不平等的起源是私有制，但是，关于私有制破坏平等原则的原因分析还相当粗糙，没有从唯物史观的高度研究不平等现象背后的生产力与生产关系矛盾运动的规律，更没有从剩余价值角度科学分析私有资本剥削和奴役无产者工人的阶级本质，故而无法把握资产阶级平等观弊端的真正症结。虽然空想社会主义者初步提出了建立公有制、实现社会平等等观点，却没能提供实现这些伟大构想的可靠途径，因此，他们的思想还具有浓厚的乌托邦主义色彩。然而，他们关于公有制、关于社会平等的崭新理论构想，为马克思主义平等思想的提出开辟了道路。后来的马克思、恩格斯正是在继承和批判近代资产阶级平等观与空想社会主义平等观的基础上，开启了科学社会主义平等理论的新篇章。

三、马克思主义平等观

平等这个话题，在马克思、恩格斯经典著作中，正面论述的文字并不太多，相反地，负面评价的篇幅倒不少见。在《反杜林论》中，恩格斯曾开诚布公地写道：“两个人或两个人的意志就其本身而言是彼此**完全**平等的——这不仅不是公理，而且甚至是过度的夸张。”① 然而，这些只是表象。其实，有关平等问题的思考，一直是马克思、恩格斯思想体系的重要内容。众所周知，马克思主义理论的最终目标是实现共产主义。所谓“共产主义”，简单说是一个“自

① 《马克思恩格斯选集》，2版，第3卷，438页，北京，人民出版社，1995。

由人的联合体”，其自由性主要体现为：摆脱了物对人的统治和人对人的奴役状态，这个状态，究其根源，就是一个真正实现人人平等的社会状态。因此，广义地说，整个马克思主义体系试图回答的是关于平等的问题。马克思、恩格斯首先从历史唯物主义和历史辩证法的视角阐明平等的基本内涵，在此基础上，他们分析和批判了农民阶级平等观、资产阶级平等观、空想社会主义平等观，并最终提出了科学社会主义平等观。

在马克思、恩格斯看来，一切旧平等观都有一个共同特点，即它们的思想基础是历史唯心主义的。譬如封建地主阶级主要从伦理道德视角谈论“己所不欲，勿施于人”，农民阶级在革命情感上表达了对不平等的无比痛恨和对平等的热烈祈盼，资产阶级以理性为基准提出自然法意义上的平等观。这些唯心主义平等观都是抽象的、空洞的、缺乏实践基础的。马克思主义着重从唯物史观的立场，揭示出生产方式对平等观形成的奠基作用。

相关链接

一切社会变迁和政治变革的终极原因，不应当到人们的头脑中，到人们对永恒的真理和正义的日益增进的认识中去寻找，而应当到生产方式和交换方式的变更中去寻找；不应当到有关时代的**哲学**中去寻找，而应当到有关时代的**经济**中去寻找。对现存社会制度的不合理性和不公平、对“理性化为无稽，幸福变成苦痛”的日益觉醒的认识，只是一种征兆，表示在生产方法和交换形式中已经不知不觉地发生了变化，适合于早先的经济条件的社会制度已经不再同这些变化相适应了。同时这还说明，用来消除已经发现的弊病的手段，也必然以或多或少发展了的形式存在于已经发生变化的生产关系本身中。这些手段不应当从头脑中**发明出来**，而应当通过头脑从生产的现成物质事实中**发现出来**。

——《社会主义从空想到科学的发展》

任何一种平等的性质和状态都由一定的生产方式所决定。马克思说："物质生活的生产方式制约着整个社会生活、政治生活和精神生活的过程。"① 生产方式由生产力和生产关系构成。所谓生产力，是指人们在劳动过程中形成的改造自然和影响自然的客观物质力量，它是人们进行物质生产和精神生产的物质基础条件，是人们不能任意选择的物质性历史前提。生产力决定生产关系，进而决定其他一切社会关系。作为社会关系的一种，平等或是不平等归根结底是由生产力发展状态和水平来决定的。

首先，旧社会产生人对人剥削和奴役现象的根本物质动因就是：极其有限的生产力。在旧社会，由极其有限的生产力所提供的社会生产，不能满足整个社会所有人的物质文化需要，因此，人们的发展只能具有这样的形式：少数一些人凭借政治经济垄断特权，奴役和压迫大多数人，从而获取自由发展的优先权；与之相对照的是，人数众多的另一些人由于处在被剥削、被压迫的地位，不得不为满足最迫切的生存需要而辛苦劳作，无暇顾及文学、艺术或其他更高层面的发展。因此，在生产力水平低下的旧社会，根本不存在人与人之间的平等。同理，若要在未来社会中完全实现平等，必须具备充分发展的现代生产力。恩格斯指出：社会阶级的消灭、社会不平等的消灭"是以生产高度发展的阶段为前提的"，高度发展的"社会生产，不仅可能保证一切社会成员有富足的和一天比一天充裕的物质生活，而且还可能保证他们的体力和智力获得充分的自由的发展和运用"②。在此基础上，一个阶级对另一个阶级的经济剥削，以及为了维护这种剥削而建立的政治压迫，将是过时的、多余的、错误的，因此，社会不平等的根源也就消失了。倘若社会生产力还没有发展到足以使上述的那些经济剥削和政治压迫成为多余的东西，那么，纵然平等的要求被提出一

① 《马克思恩格斯选集》，2 版，第 2 卷，32 页，北京，人民出版社，1995。

② 《马克思恩格斯选集》，2 版，第 3 卷，756、757 页，北京，人民出版社，1995。

千次，它们在实际生活中也不会实现，而只能是一种“虚无缥缈的幻想”。

其次，平等或不平等的社会关系是对一定的生产关系的反映。人们在自己生活的社会生产中发生一定的、必然的、不以他们的意志为转移的关系，即生产关系。这些生产关系的总和构成社会的经济结构，即有法律的和政治的上层建筑竖立其上，并有一定的社会意识形式与之相适应的现实基础，简称经济基础。平等或不平等作为一种政治上层建筑，是对客观经济基础的主观反映。生产关系尤其是生产资料所有制形式，从根本上决定了人与人之间的平等或不平等关系。马克思说，“劳动者在经济上受劳动资料即生活源泉的垄断者的支配，是一切形式的奴役，社会贫困、精神屈辱和政治依附的基础”①。试想，我是一个无衣无食的无产者，与一个垄断生活源泉——劳动资料的资本家，订立雇佣合同，资本家给我开出的条件是：按照我为他劳动的产出情况，他供应我必要的衣食，而我必须按照一个自由人的样子，自愿接受他的雇佣要求，并且，一辈子不脱离他的资本统治和权力保护之外。这样的合同，从形式上看，完全是在劳资双方平等、自愿的前提下签订的，然而，其内容包含却是资本对劳动的残酷剥削和无情压迫。可见，资本主义生产资料私有制形式，决定了资本主义社会劳资双方的不平等社会关系；反过来，劳资双方的不平等社会关系又反映了资本主义生产资料私有制的剥削本质。

最后，马克思进一步从剩余价值角度科学分析资产阶级私有制形式，深刻揭露了资本主义社会的不平等关系。资本主义市场的商品交换过程，看似平等主体之间的自由买卖，然而，在这一过程的背后，隐藏的却是对平等理念的无情践踏，马克思把它概括为“对物的依赖关系”。在资本主义市场上，资本家利用手中的资本购买一

① 《马克思恩格斯选集》，2版，第2卷，609页，北京，人民出版社，1995。

种特殊商品——劳动力。劳动力商品的最大特点是，消费过程中它能够创造新的价值，而且这个价值比劳动力本身的价值更大。正是由于这一特点，资本家在这笔交易中，不仅能够回收他购买劳动力商品所支付的价值，还得到一个增殖价值即剩余价值。可见，资本家与劳动工人的这笔交易，实质上是一笔不平等的交易，其中，资本家的获利远远大于工人的所得。一些空想社会主义者没有抓住生产资料私有制这个本质性问题，仅仅把产品分配的不平等现象当作重点问题来揭露。他们认为由资本主义分配方式所造成的赤贫与豪富、饥荒遍野和酒肉生活的尖锐对立是一种道德上的不正义；他们相信本着人类的共有的良知，获得不义之财的资本家，总有一天会放弃这种极端不平等的分配方式，还劳动者一个公平的工资报酬。马克思和恩格斯认为，空想社会主义者的这种分配主张，就好比在奴隶制基础上要求自由、在中世纪梦想千年王国的来临一样，“是一种永远不能实现的妄想”。无产阶级若要在社会政治经济领域全面实现平等的要求，就必须推翻资本主义私有制，建立社会主义公有制，消灭阶级，消灭在占有上、生产上、分配上的各种不平等关系，并在此基础上建立人民当家作主的共产主义社会，只有这样，人类社会的平等才能真正地得以实现。当然，这是一个漫长的过程。平等，作为一个历史范畴从最初的原始社会一路走来，几千年来依次经历了奴隶社会、封建社会、资本主义社会、社会主义社会，最终到达共产主义社会还要有一个相当长的发展成熟期。一旦步入共产主义社会，平等的社会关系真正地在实践中实现了，那么，平等的观念也就自行消亡了。

相关链接

一切人，作为人来说，都有某些共同点，在这些共同点所及的范围内，他们是平等的，这样的观念自然是非常古老的。但是现代的平等要求与此完全不同；这种平等要求更应当是从人的这种共同特性中，从人就他们是人而言的这种平等中引申出这样的要求：一切人，或至少是一个国家的一切公民，或一个社会的一切成员，都应当有平等的政治地位和社会地位。要从这种相对平等的原始观念中得出国家和社会中的平等权利的结论，要使这个结论甚至能够成为某种自然而然的、不言而喻的东西，必然要经过而且确实已经经过了几千年。

——《反杜林论》

平等观念总是和不平等的观念同时产生、共同存在的，这是在平等问题上的历史辩证法。早在原始社会时期，生产力水平极为低下，生产手段极为落后，产出的成果数量极为有限，人们只有在生产资料公有制基础上共同劳动、共同消费，彼此依靠、相互协作，才能维持生计。在这种情形下，无论是在生产、生活、宗教活动中或是在其他公共事务中，人们之间的关系是完全平等的，不论酋长或军事首领都不能要求任何优越权。然而，正是因为平等已经内化为原始社会的根本原则，所以它“从来没有表述为公式”，人们因为没有切身感受到不平等待遇，而根本没有平等的意识。

随着物质生产力的发展，三次社会大分工相继产生，这就使得劳动生产率进一步提高、劳动产品出现了大量剩余。于是，部落间的产品交换时有发生，部落首领经常代表其成员与其他部落交换公有财产，一来二去地，他们开始利用职务之便侵占公有财产，这样，私有制就产生了。私有制的产生使经济上的不平等现象迅速蔓延，部落内部开始分裂为利益不同的、互相对立的社会集团，矛盾和冲突变得不可避免，最终引发了大规模战争。当强者在战争中战胜弱者，他便以武力凌驾于群体之上，于是君主专制的政治统治就此开始，奴隶社会和封建社会就是这种专制制度的典型社会形态。可是，在奴隶主专制、封建主专制统治的前期，被剥削、被压迫的人民并没有公然反抗这个不平等制度。这部分是因为统治阶级中的仁人志士为缓和阶级矛盾、维持自己的阶级统治，有意识地提出了一些相对平等的策略和主张，调整和遏制了不平等的恶性发展；更重要的原因是，奴隶制、封建制等这些具有剥削性质的生产关系大大促进了当时的社会生产力发展，使得人们的生活水平有较大提升，从而掩盖了政治经济的不平等给人们造成的损失和伤害。正如恩格斯所说，“当一种生产方式处在自身发展的上升阶段的时候，甚至在和这种生产方式相适应的分配方式下吃了亏的那些人也会欢迎这种生产方式”。可见，社会上存在着不平等是一回事，人们意识到这种不平等并有意识地去反抗它，则是另一回事。只有当这种不平等达到一定程度，即不平等对人们造成的损害大大超过社会经济发展速度的时候，奴隶和农民才会起来反抗奴隶主和封建地主。历史上的所有奴隶暴动、农民起义都是在这种情况下发生的。

资产阶级是封建社会内部孕育产生的一个新兴阶级。14—15 世纪，随着海上新航路的发现，从美洲大陆带回的大量黄金、白银，促进了西方商品交易的迅速发展，手工业、商业的发展带动了欧洲城市的兴起。这些城市的大多数居民是从封建领地里逃亡出来的农奴，伴随着城市工商业的发展，他们中的一部分人渐渐成为富商、高利贷者、房产主等城市贵族，这就是历史上第一批资产阶级。他们要做买卖，自然就要求平等权利。马克思说，“商品是天生的平等派”。首先，商品之所以成为商品，是因为它内在凝结着无差别的一般人类劳动，这在本质属性上规定了商品的平等性；其次，商品交换离不开对货币的使用，而货币是固定地充当一般等价物的特殊商品，其实质仍然是商品，包含着商品的平等性；最后，商品交换是不同主体间进行的等价交换，交换双方只有本着自愿、平等、有偿的原则才能实现交换，因此，主体间的关系也是平等的。然而，资产阶级的这一切经济上的平等要求，受到封建政治特权、行会制度以及各种各样的摊派法令的严重阻挠。为了争取自由贸易、发财致富的机会，资产阶级提出“自由、平等、博爱”的政治口号，将城市贫民和农民阶级联合起来一道反抗封建特权，并最终取得了胜利，推翻了封建专制统治，建立了资产阶级共和国。

当资产阶级的政治角色由一个革命者转向执政者的时候，其平等观的本质局限性开始充分暴露。首先，它以抽象的人性论为基础论证天赋人权，刻意抹杀了平等的历史性和阶级性，把资产阶级一个阶级的平等要求粉饰为全人类的普遍要求，从而使其平等观绝对化、神圣化。其实，资产阶级所谓的人人平等是金钱面前人人平等，所谓的人权是资本平等地剥削劳动力的权利。其次，建立在资本主义生产资料私有制经济基础之上的资本主义民主政治，以法律的形式将资产阶级的一己私利上升为国家意志，有力地保障了资产阶级私有财产的利益和平等剥削劳动力的权利，并杜绝了无产阶级通过民主政治手段表达本阶级平等要求的可能性。为此，无产阶级只有推翻资本主义“一切旧的生产关系和交往关系的基础”，建立社会主义公有制，消灭阶级剥削、阶级压迫，才能在现实中完全实现平等，而对平等的最终实现亦即平等的自行消亡。诚如恩格斯所说，“平等的观念”，“本身都是一种历史的产物，这一观念的形成，需要一定的历史条件，而这种历史条件本身又以长期的以往的历史为前提。所以，这样的平等观念说它是什么都行，就不能说是永恒的真理”①。既然不是真理，平等必然将在未来的共产主义社会——一个真正意义上实现了平等的社会——不复存在。

① 《马克思恩格斯选集》，2版，第3卷，448页，北京，人民出版社，1995。

第二章

平等的基本含义

人类社会是否具有平等性，这并不是一个理论问题，而是一个实际问题。抽掉平等的历史内涵和阶级内涵空谈人权理论，是没有任何意义的。平等是社会主义核心价值观，对于中国这个正处在社会主义初级阶段的社会主义国家来说，平等意味着权利平等、人格平等和机会平等。

一、平等是社会主义核心价值观

在马克思主义看来，平等的关键不再是法律条文中是否有明文规定，更重要的是如何在现实中实现无产阶级平等要求。我们可以从唯物史观、无产阶级革命和无产阶级专政、社会生产方式和人类解放等多个路径来阐述平等的社会主义道路。

相关链接

当阶级差别在发展进程中已经消失而全部生产集中在联合起来的个人的手里的时候，公共权力就失去政治性质。原来意义上的政治权力，是一个阶级用以压迫另一个阶级的有组织的暴力。如果说无产阶级在反对资产阶级的斗争中一定要联合为阶级，如果说它通过革命使自己成为统治阶级，并以统治阶级的资格用暴力消灭旧的生产关系，那么它在消灭这种生产关系的同时，也就消灭了阶级对立的存在条件，消灭了阶级本身的存在条件，从而消灭了它自己这个阶级的统治。

代替那存在着阶级和阶级对立的资产阶级旧社会的，将是这样一个联合体，在那里，每个人的自由发展是一切人的自由发展的条件。

——《共产党宣言》

在历史上，资产阶级启蒙思想家曾经对平等问题进行了长篇累赎的理论论证。这些论证大都从抽象的人性论出发，把平等理解为自然人的自然权利——简称“人权”，把资本主义制度宣传为：用绝对正义的法律手段保障神圣人权的完美制度。然而，实际上，所谓自然权利，体现的是资产阶级个人主义和自由竞争的要求；所谓法律平等，不过是“资本剥削劳动力”的政治“遮羞布”。这种在资产阶级平等学说与现实的资本主义制度之间的巨大反差，首先被空想社会主义思想家们所揭示。但是，他们未能找到无产阶级实现本阶级平等要求的正确途径，他们只是一味地向整个社会呼吁，甚至主要向作为统治阶级的资产阶级呼吁，幻想用和平协商的方式改造资本主义。马克思明确指出，各阶级的平等，是资产阶级社会主义者所拼命鼓吹的“资本和劳动的协调”。这是一种谬论，实际上是做不到的。相反地，消灭阶级，才是无产阶级平等运动的真正秘密。

无产阶级平等要求的实际内容是消灭阶级，随着社会化大生产的迅速发展，资本主义社会日益分化为两大对立阶级——资产阶级和无产阶级。资产阶级凭借手中掌握的国家政权，在经济上最大限度地榨取无产阶级所创造的剩余价值。无产阶级要改变自己受剥削、受压迫的地位，必须把一切劳动人民、被剥削者团结起来，与他们结成联盟尤其是结成工农联盟，推翻资产阶级统治，建立无产阶级专政国家。《共产党宣言》告诉我们：“工人革命的第一步就是使无产阶级上升为统治阶级，争得民主。”无产阶级专政就是工人阶级领导的、以工农联盟为基础的、新型民主和新型专政的社会主义国家。它为无产阶级争取全人类的解放斗争提供了强大的政治杠杆，是全人类最终进入共产主义社会必须经历的历史过渡期。这个历史时期的任务主要是：对最广大的劳动人民实行最广泛的民主；镇压被推翻的剥削阶级和一切敌对势力的反抗、破坏；大力发展生产力，不断完善和发展社会主义的生产关系与上层建筑，并在此基础上消灭一切阶级差别、重大社会差别和社会不平等；建设高度民主的社会主义政治制度和高度的社会主义精神文明，从各方面创造条件，向共产主义过渡。用邓小平的话来说，即“社会主义的本质，是解放生产力，发展生产力，消灭剥削，消除两极分化，最终达到共同富裕”。

解放生产力，发展生产力，为消除社会不平等奠定物质基础。阶级、阶级差别和其他一切的社会不平等不是本来就有的，它们仅仅是与一定水平的生产力和一定形式的生产关系相联系的。无产阶级夺取资产阶级政权、建立社会主义国家以后，必须对资本主义生产资料私有制经济进行全面社会主义改造，建立起由劳动者共同占有生产资料、共同进行劳动、共同占有劳动产品的公有制经济。社会主义公有制对资本主义私有制的取代，同时消灭了剥削阶级和被剥削阶级的对立，相应地，阶级也被消亡了。阶级消亡了，阶级之间的斗争也就停止了，相应地，人与人之间的关系就摆脱了对立、压迫的阶级内容，发展成为平等互利、友好和谐的社会关系。

共产主义理想的实现，彻底解决了社会的不平等问题。由社会主义建立起来的人与人之间互相合作的、友好和谐的社会生产关系，进一步推动了社会生产力的迅速发展。当社会生产力高度发展、科技极度发达、劳动生产率空前提高、劳动时间大大缩短、社会产品极大丰富的时候，社会产品的分配开始实行“各尽所能、按需分配”原则，这样一来，整个社会生产方式改变了，人对人的依赖性、人对物的依赖性都消除了，每个社会成员将获得自由和全面发展的机会。于是，社会分工消亡了，工农差别、城乡差别、脑力劳动与体力劳动的差别都消亡了，国家机器也自行消亡了，人人平等的共产主义社会也就最终实现了。

平等是中国特色社会主义核心价值观。新中国成立以来，尤其是改革开放以来，平等作为社会主义核心价值理念，指引我们不断解放生产力，发展生产力，改善人民生活，为最终实现“消灭剥削，消除两极分化，最终达到共同富裕”的理想目标，而全面推进中国特色社会主义各项事业的发展。

相关链接

我们的人民是伟大的人民。在漫长的历史进程中，中国人民依靠自己的勤劳、勇敢、智慧，开创了各民族和睦共处的美好家园，培育了历久弥新的优秀文化。

我们的人民热爱生活，期盼有更好的教育、更稳定的工作、更满意的收入、更可靠的社会保障、更高水平的医疗卫生服务、更舒适的居住条件、更优美的环境，期盼孩子们能成长得更好、工作得更好、生活得更好。人民对美好生活的向往，就是我们的奋斗目标。

人世间的一切幸福都是要靠辛勤的劳动来创造的。我们的责任，就是要团结带领全党全国各族人民，继续解放思想，坚持改革开放，不断解放和发展社会生产力，努力解决群众的生产生活困难，坚定不移走共同富裕的道路。

——《习近平在十八届中共中央政治局常委同中外记者见面时的讲话》

新中国成立初期，我们创造性地实践马克思和恩格斯的科学社会主义平等观，消灭了地主阶级和资产阶级的剥削与压迫，确立了以社会主义公有制为主体的基本经济制度，使社会生产从旧的生产关系的束缚中解放出来，大大促进了生产力的发展，推进了工业化、现代化建设进程，使人民生活水平显著提高。新中国建立了工人阶级领导的、以工农联盟为基础的人民民主制度，通过人民代表大会制度、中国共产党领导的多党合作和政治协商制度、民族区域自治制度等基本政治制度保障了人民当家作主的基本权利，使中国人民在追求平等的道路上迈进了一大步。

虽然新中国已经成为一个社会主义国家，但这是一个经济文化落后、人口众多、幅员辽阔、发展极不平等的社会主义国家。怎样建设社会主义，怎样发展社会主义，怎样增进社会主义平等，并没有现成的道路可循。新中国成立初期，由于对社会主义发展阶段认识不科学、对社会生产力发展速度估计错误，产生了“共产主义在我国的实现，已经不是什么遥远将来的事情”等操之过急的想法。针对平等问题，我们混淆了社会主义同共产主义的区别，在生产力水平低下的条件下，盲目地推行高度社会化的劳动生产方式，对有限的社会产品采取了以按需分配为原则的供给制，结果表明这一切并没有使人民群众进入人人平等、共同富裕的共产主义社会，反而助长了平均主义，挫伤了劳动者的生产积极性，对生产力造成巨大破坏，使我们距离共产主义美好生活更加遥远。

改革开放以后，在认真总结正反两方面的经验教训的基础上，我们清楚地认识到我国正处于社会主义初级阶段。社会主义本身是共产主义的初级阶段，而我们又处在社会主义的初级阶段。这就是说，我国社会已经是以公有制为主体的社会主义基本经济制度，以工人阶级领导、工农联盟为基础的人民民主专政的社会主义国家。作为社会主义国家，我们的历史使命就是大力发展生产力，发展和完善社会主义生产关系和上层建筑，逐步消灭一切阶级差别和社会不平等，为未来实现共产主义创造条件。然而，我们的社会主义社会还处在初级阶段，就是不发达的阶段。一切必须从这个实际出发，而不能超越这个阶段。这个阶段的主要特点是：我国经济实力显著增强，但生产力水平总体还不高，手工农业与现代农业、粗放型工业与集约型工业之间的差距还很大；社会主义市场经济体制虽然已经初步建立，但个体经济、私营经济等其他非公有制的经济成分与公有制经济之间的差别依然存在；人民生活总体上达到小康水平，但收入分配差距拉大，城乡差距、东西部发展差距都相当大。此外，我国社会主义民主政治不断发展、依法治国基本方略扎实贯彻、各项文化事业繁荣昌盛，但同时，人民群众的教育、医疗、就业、住房等基本权利还不尽如人意，不平等现象还存在于政治、经济、文化等诸多方面，不平等问题是各族人民广泛关注的社会问题。习近平总书记指出："人民对美好生活的向往，就是我们的奋斗目标。"我们应该从广大人民群众最关切的现实问题入手，"保证人民平等参与、平等发展的基本权利"，大力发展生产力、发展文化教育事业，"使发展成果更多更公平惠及全体人民"，让人民的生活"有更好的教育、更稳定的工作、更满意的收入、更可靠的社会保障、更高水平的医疗卫生服务、更舒适的居住条件、更优美的环境"。

二、权利平等

平等意味着公民享有平等的权利。没有人天生就是奴隶，生来就低人一等。平等权是现代公民享有的一项基本权利。《中华人民共和国宪法》规定："中华人民共和国公民在法律面前一律平等。"任何公民不分民族、种族、性别、职业、家庭出身、宗教习惯、教育程度、财产状况、居住期限，都一律平等地享有宪法和法律规定的权利，平等地履行宪法和法律规定的义务；公民的合法权益一律平等地受到保护，对违法行为一律依法予以追究；在法律面前，任何组织或个人都没有超出宪法和法律之外的特权。

相关链接

第三十三条　凡具有中华人民共和国国籍的人都是中华人民共和国公民。

中华人民共和国公民在法律面前一律平等。

国家尊重和保障人权。

任何公民享有宪法和法律规定的权利，同时必须履行宪法和法律规定的义务。

——《中华人民共和国宪法》

权利平等是历史的产物，也是时代的标志。"公民"概念在宪法上的确定，可以说是人类历史上一次翻天覆地的政治解放，它彻底否定了那种把等级的存在视为基本正义的封建主义社会制度。在封建制度下，政治、经济、文化等各项权利和义务，分别依据个体的身份、社会地位的不同，进行有差别的、不平等的分配，并且，这种分配制度最为突出的特点是：对多数人的自由加以限制，对少数人的自由加以保护。然而，资本主义社会制度彻底改变了这一切。资本主义区别于封建专制的鲜明特色是：将平等当作社会正义的基础，以法律的形式公开规定权利平等，把有差别的个人拉平为无差别的公民。1776 年美国《独立宣言》、1789 年法国《人权宣言》等明文规定了人生而平等的权利，并以“公民”为主词，让社会每一个成员获得了普遍意义的法律角色，从而使他们可以作为一个独立的人格主体，与其他社会成员一道，平等地享有社会生活中的各项权利。1917 年十月革命胜利以后，人类历史上出现了第一个社会主义国家，由这个国家颁布和实施的《俄罗斯社会主义联邦苏维埃共和国宪法》，第一次把“公民不分种族及民族享有平等权利”作为国家法治的重要原则。之后，1948 年联合国《世界人权宣言》以国际法的形式明确指出，全体人类的天赋尊严和平等权利是世界自由、正义、和平的基础。整个现代社会几乎所有的国家，都把平等权作为公民最基本的权利写进宪法。关注平等对待、保护社会中一切成员的人格安全和财产安全，可以说是现代法治社会的基本要求和重要内容。

在我国，法律面前人人平等是一条重要的法治原则。早在 1934 年，《中华苏维埃共和国宪法大纲》就明确规定，在苏维埃政权领域内的工农和广大劳苦民众，不分男女、种族、宗教，在苏维埃法律前一律平等。1982 年《宪法》正式写上：“中华人民共和国公民在法律面前一律平等”，“任何组织或者个人都不得有超越宪法和法律的特权”。除此之外，我国民法、刑法、诉讼法等一系列重要的法律文书对法律面前人人平等的原则都进行了充分和翔实的规定。这个原则在我国的立法和司法实践中主要包括三部分内容：一是权利和义务的平等。我国公民，不管是群众还是干部，不论现在职务多高、过去功劳多大，都平等地享有宪法和法律规定的权利，平等地履行宪法和法律规定的义务。二是法律适用平等。国家机关在适用法律时平等地对待所有公民，依法保护每一个公民的合法权益，同时对违法行为一律依法予以追究。三是法律界限平等。任何组织或个人，不得享有超出宪法和法律之外的特权，不得强迫公民承担法律之外的义务，不得使公民受到法律之外的处罚。

尽管在当今世界，平等权已经成为各国公民的一项基本权利，但是，它的真实性和全面性，在资本主义社会里是相当有限的。马克思说，“法的关系正像国家的形式一样，既不能从它们本身来理解，也不能从所谓人类精神的一般发展来理解，相反，它们根源于物质的生活关系”①。在资本主义条件下，以生产资料私有制为基础的经济制度必然造成公民在经济地位上的对立和不平等，其中一部分人作为资产阶级，凌驾于占人口绝大多数的工人阶级之上，无偿占有他们所创造的剩余价值，从而使他们沦落为资产阶级的经济依附。这种不平等的经济关系必然在政治关系、法权关系上充分反映出来，资产阶级一定会利用经济上的优势谋求政治上的优势，奴役和压迫工人阶级。事实上，在资本主义国家里，无论是政治上层建筑，还是观念意识形态，处于主导地位的永远是资产阶级，而广大的工农群众由于受客观物质生活条件的限制，难以实现他们在法律意义上的平等权。因此，即使资本主义国家一再在宪法及其他法律文本上书写人人平等的规定，也都只是形式上的平等，事实上并没有什么真正的平等可言。

只有在社会主义社会，平等才能成为一项普遍的原则，在立法和司法的具体实践中得到真实的贯彻。首先，社会主义公有制在经

① 《马克思恩格斯选集》，2版，第2卷，32页，北京，人民出版社，1995。

济基础层面上保证了人人平等原则的贯彻落实。新中国成立以后，以生产资料公有制为主体的新型社会主义生产关系得以确立，广大工农群众成为生产资料的主人，他们平等地占有生产资料，平等地从事劳动，平等地享受劳动成果。人民群众在基本经济制度中的平等权利和地位，自然而然地在法律意识上反映出平等的公民意识。其次，人民民主专政的政治制度为人人平等原则的贯彻提供了政治保障。我国以工人阶级领导、工农联盟为基础的人民民主专政制度保证了人民当家作主的政治权利。广大人民可以通过人民代表大会制度、中国共产党领导的多党合作和政治协商制度、民族区域自治制度等基本政治制度平等地参与国家和社会的管理。一切国家机关工作人员包括公检法执法人员，都是为人民服务、受人民监督的公仆，与人民群众的政治地位是完全平等的，不存在任何超出宪法和法律以外的特权。所有这些政治观念和政治制度，为公民平等权的贯彻落实提供了政治前提和基础。最后，以人为本的民生工程在社会制度层面上保障了人人平等原则的落实。民生工程是我国政府坚持以人为本的科学发展观，切实保障公民基本生存权和发展权，所采取的一系列积极政策举措。这个系统工程通过对劳动就业、劳动保险、教育医疗、居住交通环境等社会保障条件的提供，通过对儿童、老人、妇女、残疾人以及特别贫困人群的高度关切，把社会主义公平分配的原则和共同富裕的原则兼容在权利平等的原则之中，将人们的基本生存权和社会发展权提升到优先的地位，从而在制度层面上落实了公民的机会平等和结果平等的社会权益。综上所述，可以清楚地看出：在社会主义法治条件下的公民权利，超越了资本主义制度形式上的公民平等权，将平等的原则在政治、经济、社会等各个层面加以落实，使平等上升为实质上的平等。

社会主义平等区别于资本主义平等的根本标志是权利与义务的辩证统一。对平等权利的强调是社会主义和资本主义的共同特点，它反映了现代社会为发展商品经济和民主政治，共同对抗封建社会特权利益和专制统治的基本要求。但是，社会主义平等权利与资本主义有着本质的区别，这个区别不仅体现在社会主义因为有政治、经济和社会制度的保障，所以其平等权利更具真实性和可靠性，而且体现在我们的平等权利是与平等义务相辅相成、辩证统一的。**“没有无义务的权利，也没有无权利的义务。”**①在我国，任何一项法律权利都有相应的法律义务，二者是相互关联、互为前提的。一方面，每个公民享受法律规定的权利，同时必须履行法律规定的义务；另一方面，每个公民所享受的权利与所履行的义务也是平等的。这就是说，法律权利与法律义务在总量上是大体相等的。如果权利的总量大于义务的总量，那么，有的权利就将是虚设的；同理，如果义务的总量大于权利的总量，那么，就必然产生特权。此外，权利与义务在功能上是互相补充的。法律权利的享有，有助于法律义务的积极履行；相应地，法律义务的正常履行，有助于建立良好的秩序，从而更好地实现法律权利。权利与义务平等原则是由我国社会主义公有制经济基础和人民民主专政政治制度所决定的。社会主义公有制使人们在生产、分配、交换、消费等领域实现了平等的社会关系，这就有效地遏制了私有制经济条件下，一部分人利用经济上的优势，只享有权利、不尽义务或者少尽义务的不平等现象。人民民主专政的政治制度保证了人民是国家的主人。国家的根本利益和人民的根本利益相一致，每个人的根本利益与其他人的根本利益相一致，这一点迥然不同于资产阶级专政制度下资产阶级统治利益与工人阶级被统治利益的根本对立。因此，在我国，权利与义务关系是对等的，公民在享有宪法和法律所赋予的权利的同时，履行自己对国家、对他人应尽的义务；在资本主义国家里，权利与义务的关系是不对等的，对于资本家而言，权利永远大于义务，对于工人而言，义务永远大于权利。从这个意义上讲，社会主义权利与义务平等原则拓宽

---

① 《马克思恩格斯选集》，2版，第2卷，610页，北京，人民出版社，1995。

和改造了资本主义平等权利说，将平等的历史发展推进到一个新纪元。

三、人格平等

平等意味着公民的人格一律平等。何为人格？对于中国的老百姓甚至一部分知识分子来说，人格是一种道德义务。“人生自古谁无死，留取丹心照汗青”，文天祥大义凛然、视死如归、以身殉国的英雄气节，代表着我们大多数中国人对人格形象的最高标准。这主要是从传统的道义层面，从对国家、对社会、对他人的义务关系中，获取“人格”的定义。然而，按照马克思主义的理解，人格不仅仅是遥不可及的道德理想，更是具体的、历史的、走进普通人生活的一项基本品质。它是一个人在社会中维护自己的生存和尊严所必备的人身权利。这是社会上一切公民都具有的、人之为人的权利，任何人自出生开始就享有它，直到他生命结束以前，他的人格权都不存在转让和灭失的问题。换句话说，人格权起源于人性本身，该权利的内容不可以与人本身相分离。

▶ 相关链接

我们不是从人们所说的、所设想的、所想象的东西出发，也不是从口头说的、思考出来的、设想出来的、想象出来的人出发，去理解有血有肉的人。我们的出发点是从事实际活动的人，而且从他们的现实生活过程中还可以描绘出这一生活过程在意识形态上的反射和反响的发展。甚至人们头脑中的模糊幻象也是他们的可以通过经验来确认的、与物质前提相联系的物质生活过程的必然升华物。因此，道德、宗教、形而上学和其他意识形态，以及与它们相适应的意识形式便不再保留独立性的外观了。它们没有历史，没有发展，而发展着自己的物质生产和物质交往的人们，在改变自己的这个现实的同时也改变着自己的思维和思维的产物。不是意识决定生活，而是生活决定意识。前一种考察方法从意识出发，把意识看作是生命的个人。后一种符合现实生活的考察方法则从现实的、有生命的个人本身出发，把意识仅仅看作是**他们的**意识。

——《德意志意识形态》

马克思主义认为，人成其为人而区别于他物特别是动物的本质规定是“自由的有意识的活动”。“有意识的生命活动把人同动物的生命活动直接区别开来。正是由于这一点，人才是类存在物”①，任何人都“不是处在某种虚幻的离群索居和固定不变状态中的人，而是处在现实的、可以通过经验观察到的、在一定条件下进行的发展过程中的人”②。我们可以从以下四个方面来理解人性：

首先，人性表现为一种既有主观能动性又有客观物质性的实践活动。人的全部生命活动就在于客观地改造世界的实践活动。实践的对象、手段和工具以及实践的主体——人自身，都是“可以通过经验观察到的”客观实在；实践的结果所引起的客观世界的某种变化，也是外在于人的主观意识而客观存在的；实践的水平、广度和深度以及整个发展过程，都受到客观物质条件的制约和客观规律的支配。所以，实践作为人的生命活动，是一种感性的物质性活动。人性还表现为一种自觉能动性。人具有理性思维，他所从事的生命活动是不同于动物本能的，是有目的、有意识地改造世界的活动，这种自觉的、能动的反应能力是专属于人而非其他物种的特性。

其次，人的本质属性是劳动，劳动体现自觉能动性与客观物质性的辩证统一。劳动是自由的生命表现，它不仅创造了物质财富，

---

① 《马克思恩格斯选集》，2版，第1卷，46页，北京，人民出版社，1995。

② 同上书，73页。

而且创造了人本身，并通过一定的创造物使人的本质力量得到确认。劳动创造生产力，生产力不是外在于人的、与人对抗的物质力量，而是人的本质力量的物化表现。“工业的历史和工业的已经产生的**对象性**的存在，是一本**打开了的关于人的本质力量的**书，是感性地摆在我们面前的人的**心理学**”①，这里所谓的“**心理学**”，指的就是人的本质的对象化表现。人的最基本的活动是劳动，它也是人最基本的存在方式。马克思、恩格斯指出，“一当人开始**生产**自己的生活资料的时候，这一步是由他们的肉体组织所决定的，人本身就开始把自己和动物区别开来。人们生产自己的生活资料，同时间接地生产着自己的物质生活本身”②。劳动生产出人的肉体生存所必需的物质产品，同时生产和再生产着人与其他人之间的基本经济合作关系，并在此基础上生产和再生产着人与其他人之间政治交往、文化交流以及其他人文社会关系。劳动的性质、内容、水平及发展变化的过程是理解人的本质的一把钥匙，可以说，人的第一个或者说最基本的生命活动是生产劳动。

再次，人是一种社会存在物，具有社会历史性。人自出生起就在社会中进行各种方式的实践活动，任何人的活动都不能离开与社会的联系。从事实践活动的人总是社会的人，即处在一定社会关系中的特定人。人的发展依赖于社会的发展，表现为对丰富多彩的社会关系的全面占有。社会关系的全面性不是自然的产物，而是社会的产物，归根结底是社会生产力发展的产物。在生产过程中，作为主体出现的人是处于相互关系中的个人，他们既再生产产品又再生产这种相互关系。正是在不停顿的生产过程中，他们更新了他们所创造的财富世界，也更新了他们的相互关系以及他们自身。人的社会性决定了他的历史性，因为人实践的内容、性质、范围、水平都受到一定社会历史条件的制约，都是随着一定社会历史的变化而变化的。

---

①《马克思恩格斯全集》，中文1版，第42卷，127页，北京，人民出版社，1979。

②《马克思恩格斯选集》，2版，第1卷，67页，北京，人民出版社，1995。

必须把“人作为在历史中行动的人去考察”，在一定社会发展的历史阶段或者不同的社会关系中，具有不同社会属性的人，在社会历史发展中的作用也是不同的。任何人都是具体的、历史的社会存在物。

最后，人的全面发展是对人性的最大限度的实现。这既包括人的智力和体力的充分、统一的发展，也包括人的才能、志趣和道德品质的多方面发展。马克思对人性和人的全面发展的定位不是享受意义上的，而是创造意义上的，是指人有丰富的自由时间，按照自己的情感意愿，从事能够充分发挥自由个性的活动。社会生产力的高度发达是实现人的全面发展的物质基础。江泽民同志指出，推进人的全面发展，同推进经济、文化的发展和改善人民物质文化生活，是互为前提和基础的。人越全面发展，社会的物质文化财富就会创造得越多，人民的生活就越能得到改善；物质文化条件越充分，又越能推进人的全面发展。人的全面发展总是在社会全面发展的历史进程中逐步实现的。奴隶社会、封建社会，用马克思的话来说，“专制制度必然具有兽性，并且和人性是不相容的”。到了资本主义社会，虽然人在政治经济文化等方面的发展有显著提高，但这是以一种异化的方式进行的，人们并不能真正占有它们。只有进入共产主义社会，个人的独创的和自由的发展才不再是一句空话。在这个社会里，生产力高度发展，社会产品极为丰富，实行生产资料共产主义公有制，按照“各尽所能、按需分配”的原则分配社会产品，人们具有高度的思想觉悟，劳动成为生活的第一需要，消灭了阶级差别、社会分工的差别及其他的社会不平等，“每个人都有充分的闲暇时间去获得历史上遗留下来的文化——科学、艺术、社交方式等等——中一切真正有价值的东西；并且不仅是去获得，而且还要把这一切从统治阶级的独占品变成全社会的共同财富并加以进一步发展”①。

---

① 《马克思恩格斯选集》，2版，第3卷，150页，北京，人民出版社，1995。

人格指的是人在社会中能够担当权利主体和义务主体的资格，它关系到每个个体的切身利益，是每个个体在社会上生存和发展的基本前提，是现代社会对普遍人性的一种法治表达。

相关链接

新中国成立以后，党和国家重视保护个人政治权利和财产权利，但是由于封建主义传统和极左思想的影响，人格权和人格尊严没有得到有效的尊重和保护，以致在“文化大革命”期间，出现严重侵害个人人格权、践踏人格尊严的现象，甚至达到了无以复加的地步。基于对“文化大革命”的深刻反思，改革开放以来，我们开始并逐步重视对人权的保护。

1982 年《宪法》确认了公民人格尊严和人身自由的基本权利，1986 年通过《民法通则》专章规定民事权利，并明确确认了人身权，这是我国人权保障道路上具有里程碑意义的大事。可以说，《民法通则》的颁行标志着中国的人格权制度获得了长足的发展。2004 年第一次将“国家尊重和保障人权”的基本原则载入宪法，成为我国各项立法的基本准则。人权入宪为民法规定人格权制度提供了重要的立法渊源。

依据《宪法》，我国《侵权责任法》第 2 条列举的 18 项民事权益中，一半以上涉及人格权，由此体现了人格权在民事权利体系中的重要地位。此外，最高人民法院在总结司法实践经验的基础上，颁布了精神损害赔偿司法解释、人身损害赔偿司法解释等有关人格权保护的重要规定，从而极大地丰富和完善了我国人格权法的内容。

——王利明：《人格权使人活得更有尊严》

第一，人格是社会个体生存和发展的前提与基础，任何人自出生起直到生命结束之前，都具有完整的、专属于他的、不可转让或泯灭的人身权利。无论是国家领导还是黎民百姓，无论是亿万富豪还是贫寒人家，在主体资格上都是平等的，没有高低贵贱之分。我国由于正处在社会主义初级阶段，政治、经济、文化等诸多方面还存在这样或那样的矛盾问题，人与人之间在客观上存在财富、地位或社会分工等各类各样的差别，甚至在一定程度上这些差别还有在短期内拉大的趋势。我们必须客观上正视这些差别，同时在全社会强调和树立这样一种意识：财富、地位或者是社会分工的差别绝对不能导致人格上的不平等，这是人民当家作主的社会主义区别于资产阶级专政、封建地主阶级专政、奴隶主阶级专政等剥削制度的根本点。长期以来，因为中国曾经有过几千年封建等级制度的历史，所以在民间"官贵民贱"的消极文化影响甚广，这就要求我们更加努力地倡导社会主义人格平等观，让普通劳动者、平民百姓更真实地享受社会主义社会所带来的美好生活。

第二，人格指向的是具体个体的物质利益。资本主义总是停留在抽象的人性论层面，讨论大写的理性人格或者是纯粹的利己主义人格；马克思主义则关注个体化、差异化的普通人格。马克思说，任何人都是在一定的物质前提和条件下活动着的"现实的个人"，没有所谓的孤立的、没有个性的"自然人"，有的只是具体的、历史的、处在一定社会关系中的个人。因此，人格权在我们这里不是高高在上的道德说教，也不是豪情壮志的政治宣言，它是每一个普通人的普遍生活。普通人一辈子都在和柴米油盐、衣食住行、生老病死打交道，他们的人格外化为一项项具体的物质利益，如生命权、健康权、姓名权、肖像权、名誉权、隐私权等等。这些权利在内容上，包括人们完整的、不得受到侵犯的基本生存利益，也包括人们积极利用人身权实现的各种物质财富，并且，随着现代生活的日趋丰富，人格权的种类以及人们对它的利用方式也日趋多样。近年来，在社会主义市场经济条件下，人们不断增强了人格利益的自我保护意识，并开始在实践中积极主动地利用人格权来获取商业价值。这一方面体现了社会生活日益完善的权利需求，另一方面可能导致唯利是图的“经济人”观念侵入社会主义人格权领域，因此，我们既要积极维护人格权的正当权益，又要警惕其过度膨胀所造成的一些道德滑坡的后果。

第三，公民的人格平等受法律保障。我国《宪法》明确规定，中华人民共和国公民的人格尊严不受侵犯，禁止用任何方法对公民进行侮辱、诽谤和诬告陷害。由《宪法》所规定的人格权是个人同社会中的其他个人、法人以及主管部门等发生关系时，所必备的一些基本权利，是个人在社会中存在和发展的前提与基础。除《宪法》之外，我国的民法体系也有对公民各项人格权的具体规定和保护，如《民法通则》、《侵权责任法》及相关司法解释对生命权、健康权、身体权、姓名权、肖像权、名誉权、荣誉权、隐私权，甚至死者的相应人格保护都做了详细而严格的规定。随着社会主义物质文化生活的不断丰富，人格权的发展已经成为法律理论和司法实践中的不争事实，加强人格权的立法和保护已经成为我国法治建设的一项重要内容，这必将引导人们在尊重自己和尊重他人的人文关怀中不断捍卫人格平等。

四、机会平等

社会主义平等不只是法律形式上的平等，更是社会生活中实质上的平等。然而，实质上的平等究竟意味着什么？长期以来，人们对此存在许多误解，认为社会主义实质上的平等就是：在物质财富极大丰富的前提下，实现了对财富分配的绝对平均。为什么人们把社会主义实质上的平等简单理解为结果上的平等呢？原因是多方面的。首先是传统文化中某些平等主义思想内容的消极影响。中国是一个历史悠久的文明古国，几千年来自给自足的自然经济培植了一种朴素的、小农意识的平等观，再加上孔孟之道对这种平等观的理论提炼和道德教化，久而久之形成了以“不患寡而患不均”为代表思想的平均主义价值观。其次是在“姓社姓资”问题上的惯性思维。新中国成立后相当长的一段时间里，人们认为：资本主义搞市场经济，社会主义搞计划经济；市场经济强调竞争起点上的平等，竞争结果上的不平等，因此是形式上的平等；计划经济强调生产、交换、分配等各个环节的平等，尤其强调结果分配上的平等，因此是实质上的平等。最后是社会转型期焦虑情绪的滋生。改革开放30多年来，社会主义市场经济的繁荣发展带来了中国社会的巨大变迁，对于不断涌现的新事物、新观念、新行为，人们在短时间内还难以达到思想上的认同，更谈不上对改革结果和自身发展的未来有什么准确的预期了。在这种情况下，人们难免产生一种对未来结果的心理焦虑和自保情绪，故而对结果上平等的观念也较容易接受。

事实上，社会主义实质上的平等并不意味着结果上的平均主义，而是指机会面前的人人平等，即每个社会成员都有同等的实现利益、取得财富的可能性。机会平等是一个相当现代的概念。只有在社会生产力高度发展、剩余产品极大丰富的物质前提下，社会才能提供充足的财富资源支持每个人平等发展的机会；只有在民主政治建设、文化教育事业取得长足发展的基础上，人们才有平等参与竞争的机会，才有平等竞争必备的能力。在生产力水平低下、社会总财富相当有限的古代社会，只有依靠残酷的等级制度，才能保证极少部分特权者享有充分发挥的空间，而阻隔绝大多数人自由竞争的机会，这也是为什么处于等级制度底层的人们总是有强烈的、朴素的愿望，要求在结果上平分现有的、严重不足的社会财富。因此，机会平等是现代社会发展的产物，在落后的古代社会根本不可能产生这一观念。

机会平等是社会主义政治、经济、文化和社会发展的内在要求。社会主义经济是建立在社会化大生产基础之上的市场经济，市场在社会资源配置中发挥主导作用，为了保证生产要素能够在市场中自由流动，必须让每一个经济主体有平等参与的机会，必须建立健全公开竞争、平等统一的市场规则。社会主义政治的本质和核心是人民当家作主，这就要求每个公民在民主选举、决策、监督和管理上享有同等的机会。只有让全体公民都有机会平等参与各项政治事务，才能确保国家出台的各项政策法规代表着广大人民群众的根本利益。社会主义文化建设是现代化建设的一项重要内容，在坚持马克思主义先进文化主导地位的基础上，必须坚持“百花齐放、百家争鸣”的基本方针，让每一个社会成员都有从事文化创造的机会，都有接受文化教育、享受文化成果的机会。社会主义社会是人与人、人与社会、人与自然友好相处的和谐社会，只有让人民共同享有人生出彩的机会，共同享有梦想成真的机会，共同享有同祖国和时代一起成长与进步的机会，社会主义才能和谐稳定、可持续地健康发展。

相关链接

我们要随时随刻倾听人民呼声、回应人民期待，保证人民平等参与、平等发展权利，维护社会公平正义，在学有所教、劳有所得、病有所医、老有所养、住有所居上持续取得新进展，不断实现好、维护好、发展好最广大人民根本利益，使发展成果更多更公平惠及全体人民，在经济社会不断发展的基础上，朝着共同富裕方向稳步前进。

——《习近平在第十二届全国人民代表大会第一次会议上的讲话》

机会平等是参与资格的平等、竞争规则的平等、实现潜能的平等。参与资格指的是参加某种工作或活动所应具备的条件或身份。通常我们把参与资格的认定问题，主要设定在竞争活动范围内，这一活动的基本特点是两个或两个以上的主体在特定的机制和规则下，为达到各方共同的目的而作的较量，并产生各主体获取不同利益的结果。如果一个主体不能获得正常的竞争资格，无法做到起点的平等，纵然有再大的本领也将难以与其他对手对抗，至于胜出的机会，那就更是无从谈起了。因此，竞争资格的平等是机会平等原则的首要条件和基础。机会平等的第二层含义是竞争规则的平等。同等规则和无歧视对待是机会平等原则的重要一环。正所谓规则面前人人平等，任何社会成员在争夺某个有限资源的过程中，必须遵守统一的透明公开、严格正义的程序规则，任何成员都不得拥有超出规则之外的特权。如果规则制定得不公正或者规则执行得不恰当，那么，竞争的结果无论是什么，都不可能是正当、公允的。因此，规则的平等对于机会平等的实现至关重要。机会平等的第三层含义是实现潜能的平等。即使在竞争起点上和竞争规则上都实现了平等对待，最后的竞争结果也将呈现出差异和不平等。真正的机会平等在于：在尊重差异的前提下，综合考虑各种现实因素的限制，关注弱势群体，为每一个社会成员提供基本的生存和发展条件，使他们能够平等地参与竞争，充分地发挥自己的潜能，最终获得与他人、与社会、与时代同步成长和进步的机会。

新中国成立之初，社会主义公有制的经济制度和人民民主专政的政治制度在我国的确立，为人民摆脱经济剥削和政治压迫，获得人人平等的生存机会和发展机会奠定了基本制度基础。改革开放后，随着社会主义市场经济的兴起，社会主义各项事业蓬勃发展，我国的经济总量开始跃居世界第二，综合国力大幅提升，在维护机会平等方面也取得很大进步。但是，我国仍处于社会主义初级阶段，仍是一个发展中国家。在这样的历史条件下，一方面，面对经济社会生活中大量机会不平等的现象，我们要采取多种有效措施，促进机会平等的制度建设和文化建设；另一方面，我们讲机会平等，不能脱离基本国情，只有立足于经济社会发展实际，尽可能地满足人们的机会平等要求，才能在追求平等的社会主义道路上可持续健康发展。具体来讲，我们可以从以下几个方面促进和保障机会平等的实现：

第一，培植机会平等的文化土壤。机会平等，是一个与高度发展的经济社会尤其是高度发展的市场经济社会紧密联系的现代理念。我国社会主义市场经济从兴起到现在不过几十年，虽然发展迅速，但还很不健全，相应地，机会平等这个现代理念在大众文化土壤上的根基还不深厚。人们对平等的理解很大程度上基于传统的平等观。中国是一个有着几千年封建等级制度的古老国家，传统的平等观要么是朴素的平均主义，要么是道德人格平等意识，对于现代意义上的机会平等理念，一般大众是相对陌生的。因此，我们应该有意识地宣传和培养机会平等的文化意识，使人们意识到机会平等是自己的一项重要权利，维护机会平等规则秩序是自己享受权利的一个重要保障。只有当机会平等的价值理念普遍为中国大众所认可和接受，机会平等才能在中国社会真正践行。

第二，建立健全保障机会平等的规则体系。这里所谓的规则，是指所有的法律法规、政策规定、规章制度等，应用领域包含行政、司法、党务、企事业等。从当前实际来看，我国规则体系建设存在两个问题。一是各个领域在规则制定上还不完整、不健全，要么规定得过于粗略、不细化，要么规定得过于笼统缺乏可操作性。二是规则面前人人平等的原则还没有完全落实，违规越规的特权现象时有发生。针对上述问题，我们一方面要完善规则制定工作，保证社会生活各个领域都有公开公正的规则程序，挤压潜规则、变通规则的存在空间。另一方面，积极推进各项制度改革，加强规则执行力，提升监督效力，扩展对违规损失的救济力度，努力做到规则在适用上人人平等。

第三，完善机会平等的社会保障体系。机会平等的实现与否，很大程度上受自然禀赋和家庭出身等一些不可控的偶然因素影响。为了弱化这些偶然因素对机会平等造成的负面影响，我们要完善社会保障体系，保障人人平等参与、平等发展的权利和机会。基础教育、基本医疗卫生体系、基本养老保障以及一些必要的基础设施等，是每一个社会成员参与社会生活、发挥个人潜能所必需的基本条件。我们应当根据现有经济社会发展的实际水平，尽可能提供更多更好的公共服务条件，创造有助于机会平等实现的基础建设。此外，加强再分配机制建设，加大对弱势人群生存保障的资金投入，缩小社会成员之间在能力上的基本差距，对弱势群体进行适当补偿，为他们平等参与社会活动创造基本条件。

第三章

平等的价值指向

中国特色社会主义，是马克思主义关于科学社会主义理论在当代中国的伟大实践。在全面推进中国特色社会主义建设发展过程中，将平等作为社会主义核心价值观予以追求，具有特别重要的意义。平等是维护社会主义公平正义的基础，是实现人们自由发展的前提，是实施依法治国的必要条件。

一、平等是维护公平正义的基础

古往今来，公平正义一直是人类社会追求的基本价值。是否在政治、经济、文化及社会领域实现公平正义，是评价一个国家、一个民族乃至一个时代的最高标准。党的十八大报告明确指出：公平正义是中国特色社会主义的内在要求。实现和维护社会公平正义，是我们始终不渝的价值目标，这一目标的实现对于彰显中国特色社会主义的价值优势、制度优势，具有重大意义。

相关链接

公平则始终只是现存经济关系的或者反映其保守方面、或者反映其革命方面的观念化的神圣化的表现。希腊人和罗马人的公平认为奴隶制度是公平的；1789 年资产者的公平要求废除封建制度，因为据说它不公平。在普鲁士的容克看来，甚至可怜的行政区域条例也是对永恒公平的破坏。所以，关于永恒公平的观念不仅因时因地而变，甚至也因人而异。

——《论住宅问题》

什么是公平正义呢？简单地说，它既指对待人和事不偏不倚的尺度，又指权利与义务相称的状态。公平正义价值观，在本质上包含平等的因素。东汉学者许慎在《说文解字》中讲到，“公平”一词的“公”字，就是平分的意思；古希腊哲人亚里士多德提出公平的两个原则，即平等地对待彼此平等的人，不平等地对待不平等的人；中世纪教父哲学家托马斯·阿奎那说，公正是某一活动与另一活动之间，按照某种平等关系有适当的比例。这些论断都不约而同地说明了公正与平等具有某种内在的联系。然而，古代的正义论主要论证的是等级制度存在的合理性。柏拉图把正义直接定义为“每个人在国家内做他自己分内的事情”，这里的“分内的事情”指的就是等级内部的事务。即便有一定平等倾向的哲学家如亚里士多德、阿奎那等，也都认为，公正的本质在于，按照人们的地位，将不同的东西分配给不同的人。直至14世纪以前，这种以区分等级为主要标志的正义观始终是社会主流意识形态，由此而来，整个古代社会包括奴隶社会和封建社会都笼罩在等级森严的专制统治之下。

将人人平等视为社会正义的基础，是近代资产阶级正义观。法国学者皮埃尔·勒鲁声称：“什么都不能战胜你们对正义的感情，这种感情并非其他，而是对人类平等的信仰。”① 为了追求人人平等的社会理想，资产阶级扛起正义的旗帜，领导受压迫的底层民众共同反抗专制特权。资产阶级革命的胜利，迎来了资本主义民主国家的建立。新兴的资本主义国家废除了一切等级的特权，把公民的平等权利写入宪法，从此，平等权利作为一项正义事业受到宪法和法律制度的保障。资产阶级所提出的平等权利虽然以法律的形式加以规定，但是，用恩格斯的话来说，“平等权利在口头上是被承认了”。事实上，资本主义私有制的生产方式所造成的新的阶级剥削和压迫，未必比奴隶制或农奴制少。这种看似平等实际上不平等的社会现实，引发了越来越多的资产阶级思想家对社会正义的新思考。20世纪70年代，罗尔斯提出著名的平等主义自由论，他认为一个公正的社会应该使每一个人拥有基本自由的平等权利，社会上的各种职位应该在机会均等的条件下对每一个人开放；由于每个人先天条件不同、

① [法] 皮埃尔·勒鲁：《论平等》，26页，北京，商务印书馆，2011。

社会资源相异，因此，社会的不平等是现实存在的，为公平起见，应该采取相应的经济和社会措施，为弱势群体提供积极的差别待遇，以便改善他们的生活处境，使他们有机会获得平等的发展机会。这种把正义平等与资源分配、社会进步结合起来的系统思考，体现了鲜明的资产阶级改良主义倾向，在思想认识和理论方法上有一定的进步意义。

按照马克思主义唯物史观和剩余价值学说的观点，建立在生产资料私有制经济基础之上的资产阶级专政国家，无论资产阶级社会改良的力度有多大，工人都不可能获得与资本家一样的平等权利，整个社会也不可能实现真正的公平正义。平等正义是一个具有阶级性的历史范畴，它以一定经济为基础并反映这种经济结构，进而反映人们的社会关系状况。在资本主义私有制经济基础上，资本家与工人因为经济利益和经济地位的根本不同，区别为两大对立阶级，其中资产阶级占有“奴役他人劳动的”① 特权，而工人是受奴役、受压迫阶级，这两个阶级之间的根本利益是相互冲突的，因此不可能实现阶级关系的平等。工人阶级要为自己、为所有被剥削被压迫阶级争取平等的自由发展权利，这只有通过社会革命消灭私有制、消灭阶级统治，建立社会主义社会才能实现。

只有在社会主义制度下，占人口绝大多数的劳动人民掌握了物质生产资料，并在此经济基础之上实现了人民当家作主的民主政治，平等才从口头上的承诺转化为实质上的社会正义。在我国，以公有制为主体的社会主义经济制度、人民民主专政的政治制度以及广泛的社会保障制度，切实保证了全体公民（除了极少数犯罪分子）在政治、经济、文化等社会生活中的平等利益。当然，我们还处在社会主义初级阶段，虽然改革开放 30 多年来，我国以世界上少有的速度持续快速地发展起来，但也要看到我们仍是一个发展中国家，生

---

① 《马克思恩格斯选集》，2 版，第 1 卷，288 页，北京，人民出版社，1995。

产力落后，经济文化发展很不平衡，社会经济制度和上层建筑方面还不成熟、不完善，数千年的封建专制主义消极影响尚未完全消除，国外资产阶级意识形态的负面效益依然存在。因此，现阶段在我们的社会生活中，人民群众的平等权益还没有得到全面落实，社会主义公平正义的事业还有待进一步发展。

相关链接

必须坚持维护社会公平正义。公平正义是中国特色社会主义的内在要求。要在全体人民共同奋斗、经济社会发展的基础上，加紧建设对保障社会公平正义具有重大作用的制度，逐步建立以权利公平、机会公平、规则公平为主要内容的社会公平保障体系，努力营造公平的社会环境，保证人民平等参与、平等发展权利。

——胡锦涛：《坚定不移沿着中国特色社会主义道路前进　为全面建成小康社会而奋斗——在中国共产党第十八次全国代表大会上的报告》

公平正义是一个逐步实现的过程，它将随着经济社会的发展以螺旋方式上升发展。如果无视经济发展的实际水平，一味地强调平等分配资源和权利，将陷入贫穷落后的平均主义泥潭。因此，一方面，我们要大力解放生产力、发展生产力，为促进社会公平正义、增进人民福祉创造坚实的物质基础；另一方面，我们要在这个时期所能够提供的社会条件下，最大限度地推进公平正义事业。公平正义的实现不能泛泛而谈，必须放在具体领域、结合具体问题加以解决。党的十八大报告明确指出，我们当前工作的重点是，加紧建设对保障社会公平正义具有重大作用的制度，逐步建立以权利公平、机会公平、规则公平为主要内容的社会公平保障体系。

第一，保障权利公平。权利公平，是人们最基本的平等起点，是一个人能够获得公平对待的前提和基础，也是社会公正的底线所在。《中华人民共和国宪法》明确规定："国家尊重和保障人权。"任何公民，不分民族、种族、性别、职业、家庭出身、宗教习惯、教育程度、财产状况、居住期限，一律平等地享有人身权、社会保障权、受教育权等基本权利，国家和社会对公民的各项基本权利予以切实的维护和保障。今后我们将进一步加大法制建设，完善法律制度体系，建立健全公民享有和行使权利的体制，改进权利维护和保障机制，保障公民合法的政治权利和经济文化社会等方面的权利。重点完善公共财政制度、义务教育和职业教育制度、基本卫生制度、收入分配制度、社会保障制度等，促进基本公共服务均等化，使不同地区、不同人群都能享受平等对待，保证所有成员在平等的起点上融入社会主义社会。

第二，保障规则公平。规则公平是社会公平正义的重要保障。任何一个社会都需要一套规则来保证运行，社会运行的规则必须反映时代进步的要求，符合社会发展的规律，体现最广大人民群众的意愿。规则公平是将权利公平、机会公平等社会公平的实体性内容，体现在各种法律规范、道德规范和规章制度中，并通过这些规则教育、引导、强迫人们正当地行使权利和履行义务。规则面前人人平等。尤其是法律规则，作为所有规则中最低层次的规则，却具有普遍的效力，它以强大的国家暴力为后盾，通过对违法犯罪的追究和惩处，为社会公平正义的实现提供重要的保障。我们要建设法治国家，扩大规则制定过程中主体参与的范围，提高规则的科学化合理化程度；建立健全透明公开的规则运行程序，完善规则执行机制，强化外部监督和内部监督体系；加强社会主义核心价值观教育，培养公民的规则意识，坚持抵制潜规则的负面影响，对于违背制度规则的特权势力依法追究和惩治，让公平公正的规则在人民中间有效执行。

第三，保障机会公平。在权利公平、规则公平相对稳定的情况下，机会公平与否是最为重要的制约因素之一，也是解决社会公正问题的关键因素。机会公平指的是发展机会的公平，即每一个人有平等的机会参与、促进和享受经济、社会、文化与政治的发展过程和结果。机会公平并不保证人们获得现成的相关利益，而是提供一种获得某种利益的均等机会。换句话说，机会公平旨在帮助人们充分地发挥自主性，创造性地获得相应的利益。建立健全机会公平保障体系，就是要做好以下几方面的工作：一是加强相关制度建设，保证为广大群众提供公正公开的教育、就业、医疗条件和社会保障等平等机会；二是强调社会成员参与机会的平等，即保证任何社会成员只要符合法律规定的条件，不论其地位、职业、贫富状况等，平等地纳入社会保障范畴；三是通过对全体社会成员的基本生活保障，尤其是关切弱势群体，使先天不足或生活困难的人群，有条件参与社会竞争，保障社会发展的起点公平。

总之，我们应该在马克思主义指导下，在中国特色社会主义理论体系的有力支撑下，自觉维护和坚持社会主义基本制度，解放生产力、发展生产力，建立健全以权利公平、机会公平、规则公平为主要内容的社会公平正义的保障体系，不断推进体现人民平等参与、平等发展、平等享有的社会主义正义事业向前进步。

二、平等是实现自由发展的前提

自由，一直是人们向往和追求的一种价值形态。中国古代《庄子》的“逍遥”、《老子》的“无忧”、《孟子》的“浩然之气”等都有自由的含义。古希腊哲人德谟克利特有句名言：“在一种民主制度中受贫穷，也比在专制统治下享受所谓幸福好，正如自由比受奴役好一样。”① 德国思想家黑格尔说：“‘精神’——人之所为人的本质——是自由。”② 匈牙利著名诗人裴多菲在《自由与爱情》中写道：

① 转引自北京大学哲学系外国哲学史教研室编译：《古希腊罗马哲学》，120页，北京，商务印书馆，1961。

② ［德］黑格尔：《历史哲学》，56页，上海，上海三联书店，1956。

“生命诚可贵，爱情价更高，若为自由故，两者皆可抛。”所有这些都充分体现了人类文明对自由的认识和追求。那么，究竟什么是自由呢？按照马克思主义的观点，自由，简单地说，就是人们对必然的认识和对客观世界的改造。“一个种的全部特性、种的类特性就在于生命活动的性质，而人的类特性恰恰就是自由的自觉的活动。”①

相关链接

自我意识是人在纯思维中和自身的平等。平等是人在实践领域中对自身的意识，也就是人意识到别人是和自己平等的人，人把别人当做和自己平等的人来对待。平等是法国的用语，它表明人的本质的统一、人的类意识和类行为、人和人的实际的同一，也就是说，它表明人对人的社会的关系或人的关系。

——《神圣家族》

一方面，自由的天性是人类超越于其他物种的一般本质。人具有理性思维，所从事的生命活动是有目的、有意识地认识世界、改造世界的创造性活动；人的自觉能动性是人之为人的本质属性，用马克思的话说就是人的“自我意识”。这种本质不是抽象地体现在思维上，而是具体地凝聚在生产劳动中，劳动过程和劳动成果是人的本质力量的形成与展示。只承认客观规律性，否认人的主观能动性，是典型的机械决定论和“宿命论”。另一方面，自由不是脱离实际的主观想象，而是受客观条件限制的物质活动。首先，人类活动的对象、工具甚至他自己都是可感知的客观实在，人类活动所产生的结果也是外在于人的意识而客观存在的；其次，任何人的活动都不能离开与社会的联系，任何人总是处在一定社会关系和历史现实的人。因此，人类自由的广度、深度和发展过程，同

① 《马克思恩格斯全集》，中文1版，第42卷，96页，北京，人民出版社，1979。

时受到自然规律和社会规律两方面的制约。看不到这种客观物质性和社会历史性，一味地鼓吹人的自由意志，是典型的自由主义唯意志论。

自由与平等是密切相关的一对价值范畴，它们虽然在价值内涵上各不相同，但是彼此之间有着本质的必然联系。自由是一种生命境界，包含着对生命本质的深切关怀；平等是一种对人的尊重，包含对每个人独立的生命价值的认可。平等内在地体现了自由的要求。马克思说，平等是人在实践领域中对自身的意识，也就是人意识到别人是和自己平等的人。平等的观念来源于人对自我意识、人类意识的觉醒，无论是要求平等待人还是平等待己，都是为了摆脱对“人的依赖关系”，实现对人的自由个性的发展。从这个意义上讲，自由是平等的前提和基础。如果脱离自由的平台执拗地追求平等，这种平等将是一种畸形的平等；如果人们坦然接受这种缺乏自由的平等，将可能为此付出生命的代价。旧式的农民起义往往提出“均贫富”的战斗口号，可见，农民群众已经自发地把平等作为理想社会的最重要基石。然而，束缚在落后的自然经济基础之上的不自由的生存状态，怎么可能实现真正的平等?！相反地，这种缺乏自由内涵的平等，极易转向专制和独裁。或许，这是千百年来，一次次反剥削反压迫的农民起义都很难取得成功的一个重要因素吧！

平等是实现自由的必要条件。任何人的自由活动都离不开与社会的联系，马克思说，人是一切社会关系的总和，人的存在和发展以人的社会关系的存在和发展为前提。社会关系决定着一个人能够发展到什么程度，马克思和恩格斯说：“每个人的自由发展是一切人的自由发展的条件。”① 只有在消除专制特权、人人实现平等关系的社会环境中，人们才能维护自己的自由发展，同时也维护其他人的

---

① 《马克思恩格斯选集》，2版，第1卷，294页，北京，人民出版社，1995。

自由发展。任何自由都是建立在一定平等基础上的自由，完全不平等的绝对自由是任何常人都难以接受的。对绝对自由的追求，势必要冲破道德规范和法律制度的界限，势必产生特权威胁到其他人的自由权利，必将导致卡尔·波普尔所说的那种“自由悖论”——平等和自由一同消亡。因此，任何健全的人、健全的社会所追求的都是自由与平等的结合，既有自由又有平等。当然，平等与自由毕竟是两个不同内涵的价值要求，难免会出现矛盾和冲突，但它们互为前提、互为转化的关系是更根本的。历史上，自由与平等这两个价值观总是相伴相随，基本同步地在社会中进化发展的。

相关链接

人的依赖关系（起初完全是自然发生的），是最初的社会形式，在这种形式下，人的生产能力只是在狭小的范围内和孤立的地点上发展着。以**物的**依赖性为基础的人的独立性，是第二大形式，在这种形式下，才形成普遍的社会物质变换、全面的关系、多方面的需要以及全面的能力的体系。建立在个人全面发展和他们共同的、社会的生产能力成为从属于他们的社会财富这一基础上的自由个性，是第三个阶段。

——《政治经济学批判（1857—1858 年手稿）》

按照马克思主义的基本说法，人类自由和平等的发展状况，大致可以划分为三个历史时期。在奴隶制和封建制社会里，以手工工具为特征的社会生产力水平相当低下，广大人民被长时间地束缚在土地上从事繁重的体力劳动，形成了以血缘和地缘关系为基础的生产关系。这种严重受自然力支配的自然经济决定了它的政治上层建筑必然是家族式的等级制度，个人基本没有独立性，人与人的关系是一种人身依附关系，各个等级之间以及同一等级的内部，按照高低上下、远近亲疏的不同划分为不同的身份和地位，享有不同的权利，履行不同的义务。在整个奴隶社会和封建社会里，无论是自由还是平等，都不能想象会有什么发展，因为它们同落后的经济政治关系相矛盾。

到了封建社会后期，随着社会生产力的发展，出现与自然经济相对立的商品经济，商品的生产和交换要求建立统一的市场，实现商品的等价交换和资本、劳动力以及劳动产品的自由流通。然而，封建主凭借世袭的政治经济特权，不仅占有大量的自然资源，而且占有大量的没有人身自由的劳动力，严重破坏市场竞争机制，阻碍商品经济发展。为此，资产阶级以自由平等为革命旗帜团结广大人民群众，向这个不自由不平等的封建专制政权发起挑战，推翻了几千年的封建专制统治，建立了资本主义民主国家。资本主义是以生产资料私有制为基础的、高度发达的市场经济，自由竞争的经济基础进一步推动了自由主义政治运动。资本主义民主政治和法治建设，为人们享有平等的自由权利提供了法律保障，人们的政治自由、权利平等不断扩大，又反过来推进了社会活力和创造力的充分释放，从而进一步解放生产力、发展生产力。马克思说，资本主义“所创造的生产力，比过去一切世代创造的全部生产力还要多，还要大”，“过去哪一个世纪料想到在社会劳动里蕴藏有这样的生产力呢?”[①] 然而，随着生产力的高速发展，资本主义私有制经济以及在此基础上所建立的资本主义民主政治，开始暴露其弊端，进而对自由平等的价值追求造成严重扭曲。

自由竞争引起生产集中和资本集中，生产集中和资本集中发展到一定阶段必然引起垄断。所谓垄断，是指少数资本主义大企业或企业集团对一个或几个部门的商品生产、销售和价格进行操纵和控制，形成对自由竞争的破坏。当垄断组织掌握了经济上的控制权后，又在政治上进一步控制上层建筑，利用政权、媒体、科技等手段，左右国家内政外交及社会生活，从而形成无所不能的垄断特权，整

① 《马克思恩格斯选集》，2版，第1卷，277页，北京，人民出版社，1995。

个社会出现严重的不平等现象。表面上看，似乎是自由竞争导致了垄断势力的抬头和社会不平等现象的发生，这就好像说明了自由与平等之间必然是矛盾、冲突的。因此，一些资产阶级思想家纷纷从平等主义、自由至上主义、社群主义等多元视角，寻求对自由与平等矛盾问题的解决。他们的这些学说观点，从某种意义上讲，正确揭示了自由与平等在价值取向上深层次的差异，从而具有重要的理论意义；更为重要的是，他们现实地推动了资本主义制度的改良运动，如推行国有化、国家计划干预市场、加大福利事业的投入、提倡政治宽容理念、扩大公民权利等等，这些资本主义政治经济新措施，在一定程度上缓和了财富占有上的两极分化，改善了社会不平等关系，因此，可以说，资产阶级思想家们的理论工作具有重要的现实意义。但是，从马克思主义唯物史观和剩余价值学说的角度深入分析这些理论的实质，我们将看到，在本质上它们依然维护的是那个建立在生产资料私有制经济基础之上的资本主义基本社会制度，就此而言，它们对自由平等矛盾问题的解决，远没有表面上看起来那么有效。

建立在生产资料私有制经济基础之上的资本主义制度，本质上是资产阶级对工人阶级的剥削和压迫制度。一方面，资本主义市场的商品交换过程，看似平等主体之间的自由买卖，然而，在这一过程的背后，隐藏着的却是对平等理念的无情践踏，马克思把它概括为“对物的依赖关系”。在资本主义市场上，资本家利用手中的资本购买一种特殊商品——劳动力，劳动力商品最大的特点是，消费过程中它能够创造新的价值，而且这个价值比劳动力本身的价值更大。正是由于这一特点，资本家在这笔交易中，不仅能够回收他购买劳动力商品所支付的价值，还得到一个增殖价值即剩余价值。可见，资本家与劳动工人的这笔交易，实质上是一笔不平等的交易，其中，资本家的获利远远大于工人的所得。另一方面，资本主义生产过程，是一个劳动异化的过程。生产劳动，本是人类有目的、有意识地改造世界的创造性活动，它的本质是人的自由性在物质力量上的表达，可是，资本主义生产关系将劳动的本质异化了。由于私有制的存在，资本与劳动处于分离与对立状态，资本家雇佣劳动，不参与劳动却占有劳动产品，工人从事劳动却不占有劳动产品。于是乎，劳动产品与劳动者相对立，劳动者与劳动本身相对立，“劳动对工人来说是**外在的东西**，也就是说，不属于他的本质”，“他在自己的劳动中……不是自由地发挥自己的体力和智力，而是使自己的肉体受折磨、精神遭摧残”①，因此，资本主义生产是一个异化劳动的过程，是对生产自由的本质否定。在此基础上，我们分析资本主义上层建筑。任何一种社会形态的上层建筑，都是为维护其经济基础服务的，资本主义社会的上层建筑也不例外。建立在生产资料私有制经济基础之上的资本主义民主政治，维护的必然是资产阶级私有制经济。因此，在私有制经济中所暴露出来的不自由、不平等的问题，在资本主义民主政治和社会生活中，必然是同样存在的。这就是说，无论资本主义民主法治建设怎么改革、怎么调整，只要其私有制的经济基础不改变，就永远不可能实现真正的自由与平等。根据马克思主义对未来社会的预想，只有共产主义社会，才能实现真正的自由与平等。

共产主义是人类社会发展史上一个崭新的社会制度。在这个社会里，生产力高度发展，新产品极大丰富，彻底废除私有制，实行普遍的生产资料公有制。公有制是自由平等的劳动者联合占有和使用生产资料的制度，这个制度使得商品生产和交换被消除，劳动产品对劳动者的异化统治也随之消除，产品的分配按照“各尽所能、按需分配”的原则进行，人们成为社会生产的真正主人。由于生产的高度发展和公有制的实行，已经使所有人的物质利益得到一致保障，社会不再因为经济利益的不同而划分为不同的阶级进行相互斗

① 《马克思恩格斯选集》，2版，第1卷，43页，北京，人民出版社，1995。

争，于是，阶级消亡了，阶级剥削和压迫不复存在了，作为阶级压迫工具的国家也就不复存在了。一个阶级对另一个阶级的经济剥削，以及为了维护这种剥削而建立的政治压迫，是人类社会中不平等的重要根源。当阶级和国家消亡了，社会的不平等现象也就不存在了，人类进入自由而全面发展的时代。这时，不但人的体力和智力发展了，各方面的才能和工作能力发展了，而且人的社会联系和社会交往也发展了；人的发展不是一部分人、一部分能力的发展，而是全体社会成员的全面发展，由此，整个社会与个人发展实现真正统一，自由和平等实现真正统一。真正实现了自由平等的共产主义社会无疑是美好的，但是，实现共产主义是一个长期的历史过程，社会主义是共产主义的低级阶段，这个阶段民族国家仍然存在。社会主义建设应该结合本民族和国家的历史传统与现实国情，选择适合自身特点的方式和道路逐步向共产主义方向迈进。

当代中国正处于社会主义初级阶段，应当结合自己的国情特点，探索实现自由发展和全面平等的社会主义道路。经过长期的探索，我们已经找到了这条道路，这就是中国特色社会主义道路。中国特色社会主义道路，就是在党的领导下，立足基本国情，以经济建设为中心，坚持四项基本原则，坚持改革开放，解放和发展生产力，建设社会主义市场经济、社会主义民主政治、社会主义先进文化、社会主义和谐社会、社会主义生态文明，促进人的全面发展，逐步实现全体人民的共同富裕，建设富强民主文明和谐的社会主义现代化国家。当前我们工作的重点是：继续推进经济体制改革，促进社会主义市场经济健康发展，促进社会活力和创造力的充分释放；加强社会主义民主法制建设，保障人们对自由权利的平等享受；完善社会保障体制，促进社会公平，保证人民拥有平等参与、平等发展、平等享有的机会；坚持以马克思主义、中国特色社会主义理论体系为指导，鼓励“百花齐放、百家争鸣”，发展社会主义先进文化，为人民自由和平等地和谐发展创造宽松的文化环境。

三、平等是实施依法治国的条件

俗话说，无规矩不成方圆。法治的观念，古往今来源远流长。东汉许慎在《说文解字》中解释："法，刑也，平之如水。"可见，中国古人很早就赋予法律公正、平等的价值内涵。古希腊哲人亚里士多德有句名言："法治包含两重意义：已成立的法律获得普遍的服从，而大家所服从的法律又应该本身是制订得良好的法律。"① 这是将普遍服从良法的观念确立为法治的一个基本原则。古罗马政治家西塞罗说："法律统治执政官，所以执政官统治人民，并且我们真正可以说，执政官乃是会说话的法律，而法律乃是不会说话的执政官。"② 由西塞罗所提出的法律约束统治者的观点，一直影响着西方法律体制的建构。总而言之，法治的观念起源已久，并且，它从一开始就内在地包含平等的意味。然而，由于受政治经济、文化传统等多种历史条件的制约，整个古代社会包括奴隶制和封建制社会，事实上，并不是一个法治社会，而是一个君主专制的社会。

系统的法治理论及其相应制度安排，始于西方资产阶级革命之后的现代国家，它与现代市场经济、民主政治和自由平等价值观的深入发展密切相连。公允地说，资本主义民主国家的法治建设，对于否定专制特权、实现法律平等，具有特别重要的历史意义。但是，建立在生产资料私有制基础之上的资本主义国家，虽然在形式上确立了人人平等的法律制度，其实质却是资产阶级统治的政治工具，广大工人阶级并无真正的平等。恩格斯曾一针见血地指出，资本主义制度下，法律上的平等就是在富人和穷人不平等的前提下的平等，

---

① ［古希腊］亚里士多德：《政治学》，199页，北京，商务印书馆，1981。

② 转引自西方法律思想史编写组：《西方法律思想史资料选编》，79页，北京，北京大学出版社，1983。

这简直是把不平等叫做平等。当然，与恩格斯所处的早期资本主义时代相比，当代资本主义世界后来发生了重大变化。科技推动社会生产力的飞速发展，造就了中产阶级这个庞大的社会阶层，缓解了无产阶级与资产阶级之间的两大对立；具有改良主义倾向的社会福利政策在主要发达国家的推行，在一定程度上缓解了财富分配上的两极分化，缩小了不平等差距。但是，资本主义的基本经济制度和政治制度没有发生根本改变，因此，在平等法治体系下，仍然有大批忍受贫困、歧视的弱势人群存在。只有推翻资产阶级统治，废除私有制经济基础，发展公有制经济，建立人民当家作主的社会主义政治制度和法律制度，才能彻底改变社会存在的不平等状态。

相关链接

法治是治国理政的基本方式。要推进科学立法、严格执法、公正司法、全民守法，坚持法律面前人人平等，保证有法必依、执法必严、违法必究。完善中国特色社会主义法律体系，加强重点领域立法，拓展人民有序参与立法途径。推进依法行政，切实做到严格规范公正文明执法。进一步深化司法体制改革，坚持和完善中国特色社会主义司法制度，确保审判机关、检察机关依法独立公正行使审判权、检察权。深入开展法制宣传教育，弘扬社会主义法治精神，树立社会主义法治理念，增强全社会学法尊法守法用法意识。提高领导干部运用法治思维和法治方式深化改革、推动发展、化解矛盾、维护稳定能力。党领导人民制定宪法和法律，党必须在宪法和法律范围内活动。任何组织或者个人都不得有超越宪法和法律的特权，绝不允许以言代法、以权压法、徇私枉法。

——胡锦涛：《坚定不移沿着中国特色社会主义道路前进 为全面建成小康社会而奋斗——在中国共产党第十八次全国代表大会上的报告》

在我国，发展社会主义民主，建立中国特色社会主义法律体系，一直是我们政治文明建设的主要内容。党的十八大以来，习近平同志进一步指出：推进国家治理体系和治理能力现代化，要高度重视法治问题，采取有力措施全面推进依法治国，建设社会主义法治国家。依法治国，是我们治理国家的基本方略，主要指的是，人民群众在党的领导下，依照宪法和法律的规定，通过各种途径和形式管理国家事务，管理经济文化事业，管理社会事务，保证国家各项工作都依法进行，逐步实现社会主义民主的制度化、法律化。

法律面前人人平等是我国依法治国方略的根本基础。一方面，为人民的平等权利和义务提供法律保障，是中国特色社会主义法律体系的宗旨所在。我们所追求的理想社会，是实现了“每个人的自由发展”① 的共产主义社会，而“自由平等”正是当代中国社会主义核心价值观的主要内容。我们的宪法和法律，对人民的各项平等权利，作出了具体而明确的规定，并运用法律的权威予以保护，符合广大人民群众的根本利益。《中华人民共和国宪法》规定：中华人民共和国公民在法律面前一律平等。国家尊重和保障人权。根据宪法关于尊重和保障人权的这条原则，我们从中国的基本国情出发，切实制定和实施了《国家人权行动计划》，从立法、行政和司法各个环节，全面落实尊重和保障全体社会成员平等参与、平等发展的经济、社会和文化权利，努力使每个社会成员生活得更有尊严、更加幸福。

另一方面，法律适用的平等，是维护社会主义法律权威的基本条件。习近平同志在中共中央政治局第四次集体学习时说：“要加强宪法和法律实施，维护社会主义法律的统一、尊严、权威”，“做到有法必依、执法必严、违法必究”，“任何组织或者个人都必须在宪法和法律范围内活动，任何公民、社会组织和国家机关都要以宪法

---

① 《马克思恩格斯选集》，2 版，第 1 卷，294 页，北京，人民出版社，1995。

和法律为行为准则，依照宪法和法律行使权利或权力、履行义务或职责”。这是中共中央又一次重申法律适用平等原则的重要性，根据该项原则，中国境内的任何社会成员只适用现行宪法和法律的同一标准，在法律面前不允许有任何特权存在，也不允许对任何成员有法律之外的歧视。法律适用平等原则是维护国家法律威严、实现社会公平正义的基本要件。如果缺失了这一基本要件，那么，法治就有可能被滥用，成为特权的借口，法律也就失去其权威性和神圣性。

全面推进依法治国，必须大力弘扬平等的价值理念，始终坚持法律面前人人平等的原则。首先，深入学习和领会社会主义平等的价值内涵和精神实质，培养权利平等、人格平等和机会平等的自觉意识，增强公民意识、民主意识、主体意识，真正认识到自己是国家的主人，积极参与国家事务和社会活动，主动承担政治责任和社会责任。其次，学习宪法和法律知识，做到知法、懂法，进而认同法律并遵守法律，树立对法律的尊敬和信任，依法办事，主动杜绝找门路、托关系现象，形成守法光荣的良好习惯。最后，领导干部、行政执法人员要带头学习法律知识，接受社会主义平等价值观的教育和职业操守的教育，培养依法执政、取信于民的观念。杜绝粗暴行使权力、权大于法的怪现象，坚持用制度管权管事管人的原则，虚心向人民群众学习，主动让人民监督，让权力在阳光下运行。

全面推进依法治国，必须党员干部带头守法，一切国家公职人员严格依法行政，不允许有超越宪法和法律的特权存在。我们党肩负着执政兴国的重大职责，必须依据党章从严治党，依法执政。党章是党的根本大法，是全党必须遵循的总规矩。只有依据党章，加强党建，才能保持党的先进性、革命性、纯洁性，才能发挥先锋模范作用，全心全意为人民服务，领导人民正确地制定与执行宪法和法律规定。国家公职人员必须依法行政。行政机关是实施法律法规的重要主体，必须严格守法，依法行政，维护公共利益、人民权益和社会秩序。必须提高运用法治思维和法治方式的能力，依法行使职权，杜绝粗暴行政、权大于法的现象，用科学恰当的态度面对一切问题，做到不简化流程、不逾越法律，照章办事，依法办事。对于极少数超越宪法和法律之上的特权势力，必须依法追究问责，绝不姑息。由于受我国封建专制主义传统的长期影响，加上我们法律监督制度仍有待完善，有少数公职人员有知法犯法、执法犯法甚至徇私枉法的行为。对于这种超越宪法和法律之上，损害国家利益、人民利益的行为，必须坚决惩治；如果这些行为已经构成了犯罪事实，必须依法追究其法律责任。

一个良好的社会是一个法治社会，法律有善恶之分，徒具法律的外衣，但不伸张人民的平等权利，就不具备法律应有的价值追求和实质内容。正如马克思所说："如果认为在立法者偏私的情况下可以有公正的法官，那简直是愚蠢而不切实际的幻想！"① 只有体现人民基本利益、践行人人平等价值理念的法律体系才能最大限度地得到人民的认同，才能使人民信仰它、亲近它、爱护它、捍卫它。古人云："天下之事，不难于立法，而难于法之必行。"如果已经制定出最能体现广大人民群众利益和意愿的良法，如果已经制定出遵循以人为本、科学发展规律的良法，但却不能在实践中做到有法必依、执法必严、违法必究，那么，再体现民意的法律、再遵循科学规则的法律，也形同虚设、毫无意义。只有坚持以邓小平理论、"三个代表"重要思想、科学发展观为指导，全面推进科学立法、严格执法、公正司法、全民守法，坚持依法治国、依法执政、依法行政共同推进，坚持法治国家、法治政府、法治社会一体建设，才能较好地开创依法治国的新局面。让我们为人人平等的法治中国而共同努力吧！

---

① 《马克思恩格斯全集》，中文1版，第1卷，178页，北京，人民出版社，1956。

第四章

平等的制度实现

平等是社会主义的本质要求，是中国特色社会主义核心价值观的重要范畴。平等作为一种核心价值目标，在中国社会的实现，不是一蹴而就的，它需要经历一个不断解放生产力、发展生产力，逐步消灭阶级、消灭剥削，最终实现共同富裕、平等互惠的长期过程。新中国成立初期，我们建立了社会主义公有制经济基础，确立了中国共产党领导的人民民主专政的社会主义基本制度，使广大劳动人民摆脱了被剥削被压迫的地位，真正成为社会生产的主人和国家的主人。在社会主义制度确立以后，中国共产党人领导中国人民对中国社会主义建设事业展开了数十年的艰辛探索，终于迎来了改革开放历史新时期。改革开放 30 多年来，社会主义各项事业取得举世瞩目的伟大成就，这些成就为社会主义平等价值观赋予了新的时代内涵。

相关链接

平等应当不仅是表面的，不仅在国家的领域中实行，它还应当是实际的，还应当在社会的、经济的领域中实行。尤其是从法国资产阶级自大革命开始把公民的平等提到重要地位以来，法国无产阶级就针锋相对地提出社会的、经济的平等的要求，这种平等成了法国无产阶级所特有的战斗口号。

——《反杜林论》

改革开放以来，我们坚持以经济建设为中心，锐意推进经济体制改革，实现公平和效率的统一。我们建立和完善社会主义市场经济体制，建立以家庭承包经营为基础、统分结合的农村双层经营体制，形成公有制为主体、多种所有制经济共同发展的基本经济制度，形成按劳分配为主体、多种分配方式并存的分配制度，形成在国家宏观调控下市场对资源配置发挥基础性作用的经济管理制度，为我国经济繁荣、经济平等提供了有力的制度保障。我们大力发展经济，解放生产力，发展生产力，使我国综合国力迈上新台阶，国家经济总量跃居世界第二，人民生活总体上达到小康水平，为我国社会主义平等价值观的全面实现提供了有力的物质保障。

改革开放以来，我们大力发展社会主义民主政治，人民的权利平等得到更好保障。政治体制改革不断深化，人民代表大会制度、中国共产党领导的多党合作和政治协商制度、民族区域自治制度以及基层群众自治制度日益完善，中国特色社会主义法律体系基本形成，依法治国基本方略有效实施，公民有序政治参与不断扩大，人权事业全面发展，人民的政治平等、法律平等、民族平等、性别平等得到更好保障。

改革开放以来，我们大力发展文化教育和社会事业，为实现社会主义平等营造更好的社会环境；我们着力发展社会主义先进文化，促进社会主义核心价值体系建设，大力支持教育事业，促进教育公平，使人民精神文明素质普遍提高；我们加强社会保障制度建设，使覆盖城乡居民的社会保障体系初步形成，就业保障机制不断改善，公共卫生服务体系和基本医疗服务体系不断健全，为人民平等参与、平等发展、平等享有创造有利的社会条件。

改革开放以来的伟大成就充分证明，我们党团结带领人民开辟的中国特色社会主义道路、形成的理论和路线方针政策是完全正确的。社会主义平等观念，已经并将进一步在人们日常生活和社会制度化发展进程中，体现出优越性和进步性。

当前，在全面建成小康社会、夺取中国特色社会主义新胜利的历史征程中，社会主义平等观正在经受新的考验与洗礼。一方面，我们应该在日常生活中大力倡导平等观念，让人们充分认识平等的价值内涵和导向意义，将平等观念内化为一股朝向美好生活的正能量。另一方面，在国家和社会制度安排上，我们应该继续推进各方面体制改革，将平等观念外化于一系列具体制度，使我们国家稳步前进，成为自由、平等、公正、法治的社会主义社会。

平等观念的制度实现是一个循序渐进的系统工程。中国是一个历史悠久、幅员辽阔的多民族国家，在这个大国推进社会主义制度化建设，必须立足于本国国情，自觉运用马克思主义和中国特色社会主义理论体系的基本观点、基本方法，解放思想、实事求是，有计划、分步骤、抓重点地切实做好制度建设的每一个环节。树立全局观是我们首先要有的一个基本态度：对于政治、经济、文化和社会领域等方方面面的平等问题，我们必须统筹兼顾、合理规划；对于制度性建设的近期任务、中长期目标、具体实现方式和执行力度等等，我们必须深入群众、科学考证，认真加以安排；对于关系到社会主义平等的重要制度性问题，我们必须优先予以考虑，不失时机地推出改革措施。综上所述，可以得出一个结论，那就是社会主义平等观的制度化建设必须坚持党的领导。因为只有党的领导，才能正确运用马克思主义和中国特色社会主义理论体系，从统一的战略高度，把政治、经济、文化和社会各领域统筹兼顾，循序渐进地推进社会主义各项制度的改革和完善。

一、政治平等

改革开放以来，我国社会主义各项事业的蓬勃发展是有目共睹的，然而，一些发展中存在的深层次社会问题也暴露出来，在政治领域突出表现为：人们参政议政热情不高，部分党员干部腐败行为影响恶劣，政府工作业绩与社会公众期望仍有差距，等等。这些问题的存在并不是改革本身带来的，而是改革不完全、不到位导致的。因此，必须有坚定不移的改革决心，用深化改革的办法解决改革中遇到的现实问题。在政治领域，我们要积极推进以人民主体地位为核心的政治体制改革。完善选举制度，切实保障公民选举权与被选举权的平等实现，优化参政议政的机构体制，切实保障人民平等参与社会政治生活的权利；健全和完善民主监督机制，把公共权力关进制度的笼子里，有力清除腐败和特权现象滋生的土壤。

选举制度是我国根本政治制度人民代表大会制度的重要基础，是人民行使当家作主政治权利的重要途径，是落实政治平等原则的重要环节。早在革命战争年代，我们在边区政府和根据地就实行了广泛的民主选举；新中国成立后，选举制被确立为一种国家制度。1953 年《中华人民共和国全国人民代表大会和地方各级人民代表大会选举法》的颁布，标志着中国的民主选举制度正式建立，这是第一次以法律形式，确立人民代表的选举实行普遍平等、民主选举的原则。改革开放后，为顺应社会主义政治建设的新要求，1979 年颁布第二部选举法，之后该选举法经过了多次修改，特别是 1995 年和 2010 年有较大修改，对推动中国选举制度的发展起着重大作用。总之，60 多年来，我国的民主选举制度几经改革，始终坚持社会主义平等原则，并鲜明地体现了中国特色。

相关链接

第三条　中华人民共和国年满十八周岁的公民，不分民族、种族、性别、职业、家庭出身、宗教信仰、教育程度、财产状况和居住期限，都有选举权和被选举权。

依照法律被剥夺政治权利的人没有选举权和被选举权。

第四条　每一选民在一次选举中只有一个投票权。

第五条　人民解放军单独进行选举，选举办法另订。

第六条　全国人民代表大会和地方各级人民代表大会的代表应当具有广泛的代表性，应当有适当数量的基层代表，特别是工人、农民和知识分子代表；应当有适当数量的妇女代表，并逐步提高妇女代表的比例。

全国人民代表大会和归侨人数较多地区的地方人民代表大会，应当有适当名额的归侨代表。

旅居国外的中华人民共和国公民在县级以下人民代表大会代表选举期间在国内的，可以参加原籍地或者出国前居住地的选举。

——《中华人民共和国全国人民代表大会和地方各级人民代表大会选举法》

其一，我国人大代表选举实行直接选举与间接选举相结合的方式，保证各地区、各民族、各方面都有适当数量的代表，特别是保证基层代表、少数民族代表、妇女代表的数量，体现我国人大选举中人人平等、地区平等、民族平等、男女平等的特色和优点。其二，在整个选举的流程中，从选举资格、选举规则到选举结果，一直贯穿平等原则。在我国，凡是年满18周岁的公民，除了依法被剥夺政治权利的人，都有平等的选举权和被选举权；选举方式和程序严格执行选举法的相关规定，不得随意减少、增加或超出规定程序；选举结果体现民意，对人大代表的不当行为依法查处甚至罢免。其三，对于一切破坏选举的行为依法追究责任。现行法律明确规定，对于以暴力、威胁、欺骗、贿赂、伪造选举文件、虚报选举票数等手段破坏选举的行为，必须依法惩办。此外，各级人大的选举经费列入财政预算并由国库开支，也是对选举公正、平等的重要保证。

虽然我们的选举制度充分体现了中国特色社会主义平等原则的普遍性和真实性，但是，我国是一个有着几千年封建专制统治历史的国家，正如邓小平指出的，“封建专制传统比较多，民主法制传统很少”①。加上中国人口众多，经济尚不发达，长期处于社会主义初级阶段，这一切都从不同程度上制约了中国选举制度的发展和完善，特别是如下几个方面存在许多不足：公民参政意识不强，直选的范围过窄，选举程序透明度不够，对人大代表的监督机制不完善等等。针对上述情况，我们今后的选举制度仍需进一步改革和完善。

第一，提高公民参政议政的热情。我国宪法规定，公民享有普遍平等的参政议政权利，但是，这项权利的实际行使，不仅是一个政治问题而且是一个经济问题。正所谓“仓廪实而知礼节”，如果大量选民还在为生计奔波劳碌，那么，很难说他们有积极参与政治选举的热情和充沛精力。只有不断发展社会经济，为公民基本生活提

① 《邓小平文选》，2版，第2卷，332页，北京，人民出版社，1994。

供保障，才能提升公民的参政意识。再者，对于我们这样一个缺乏民主传统的东方国家，许多选民不明白自己在选举中的权利和义务，以致选民意识薄弱或者选举行为不当。为此，我们应该加强对选举的组织与宣传措施，强化公民的主体意识，提高选举质量和选民素质。

第二，逐步扩大直接选举的范围。直接选举是选民与代表之间直接联系的最佳选举途径，也是贯彻落实社会主义政治平等原则的最好选举方式。然而，由于我国人口众多且地区分布不均衡，经济、政治、文化和社会发展水平不高且不平衡，所以，目前我们的选举制度采取的是直接选举与间接选举相结合的形式。间接选举层级过多，弊端明显，最典型的弊端是选民厌选、弃选现象严重。因此，扩大直接选举范围是我国今后选举制度建设的一个基本方向。当前，我国直接选举仅限于县级及以下人大代表选举，随着经济政治发展、选民素质提高，有望将直选范围进一步扩大到地市级及省级人大代表选择，这将有效推进中国社会主义基层民主政治的发展。

第三，增加选举过程的透明度。我国现行选举法经过多次修改，对于民主选举程序的公正公开和规范管理作出了积极的贡献，但是，目前选举程序的公开性和透明性仍然有待提升。如候选人与选民见面只是被列为选择程序而非必定程序，这不利于选民全面真实地了解候选人情况；又如，选举法没有强制性规定计票过程和废票过程的标准化程序，以至于给人为操纵选票留下空间，使候选人的公信力下降，选民参选的积极性受影响。因此，增加选举过程的透明度，是完善选举制度的一个重要方面。

第四，强化对人大代表的监督机制。人民对代表的监督和罢免是体现人民当家作主权利的重要方面。目前，我国新闻媒体和广大选民对选举监督的意识不强，现行选举法对此的规定又过于原则化，因此，选举监督制度没有得到有效落实。今后，我们一方面要加强宣传力度，普及监督意识；另一方面，应建立人大代表的述职制度，建立监督代表的专门机构，将选民对代表的监督活动纳入制度化、法律化轨道。

权力监督制度是我国政治制度的重要组成部分，也是公民平等权利的重要保障。权力是社会成员集体赋予领导主体，统治和管理国家和社会公共事务的支配力。大大小小的权力直接渗透到广大人民群众的生产、生活中，一旦这些微观的、局部的权力越出边界，就会侵犯人民群众的合法权利，对他们的财产或人身造成伤害。因此，权力运行的好坏，直接关系到人们的平等权利是否得到维护，而权力只有在监督的视野下才能良性运行。因此，从这个意义上说，权力监督制度是公民平等权利的重要保障。

相关链接

坚持用制度管权管事管人，保障人民知情权、参与权、表达权、监督权，是权力正确运行的重要保证。要确保决策权、执行权、监督权既相互制约又相互协调，确保国家机关按照法定权限和程序行使权力。坚持科学决策、民主决策、依法决策，健全决策机制和程序，发挥思想库作用，建立健全决策问责和纠错制度。凡是涉及群众切身利益的决策都要充分听取群众意见，凡是损害群众利益的做法都要坚决防止和纠正。推进权力运行公开化、规范化，完善党务公开、政务公开、司法公开和各领域办事公开制度，健全质询、问责、经济责任审计、引咎辞职、罢免等制度，加强党内监督、民主监督、法律监督、舆论监督，让人民监督权力，让权力在阳光下运行。

——胡锦涛：《坚定不移沿着中国特色社会主义道路前进　为全面建成小康社会而奋斗——在中国共产党第十八次全国代表大会上的报告》

党和国家权力机关内部的监督包括党内监督、各级人大及其常委会的监督、司法机关的监督和行政组织内部的监督。自 20 世纪 80

年代后期以来，为完善对权力的监督机制，党内颁布了许多纪律、条规以及各种文件，国家也出台了很多法律、法规。这些规章制度、法律法规的颁布对强化监督力量、遏制腐败现象起到一定的作用，但是，近些年来，腐败蔓延的势头呈上升状态，如何进一步完善与加强党和国家权力机关监督力量的实效，值得认真反思。

一方面，加强公民监督权利制度建设。国家机关工作人员的管理活动，发生在人民生产、生活的实践领域，权力的运行是维护人民利益还是对人民利益构成侵犯，人民群众的感受最直接也最真切。那些滥用权力的腐败分子可能逃脱权力监督机构的视野，但是很难摆脱人民的监督。因此，拓宽和健全公民对权力的监督渠道，使公民的监督行为规范化、制度化，对于全面推进惩治和预防腐败体系建设具有重要意义。具体地说，推行权力运行公开制度、重大事项报告制度，保证公民的知情权以便于对权力的实施进行有效的监督；健全信访制度、举报制度，使公民的监督权利得到制度的有力保障。

另一方面，优化政权体制内国家权力机关之间的监督机制。政权体制内国家权力机关之间的监督主要指党内监督、各级人大及其常委会的监督、司法机关的监督和行政组织内部的监督。这种监督主体多元化结构内部存在一些问题，如一些监督权重复叠加，一些监督权存在盲区，还有一些监督权因为缺乏独立的监督地位和能力而流于形式。总之，政权体制内的监督机制，目前没有形成有效的制约和监督机制。这就要求我们统筹规划，建立健全以下制度或体制：通过改革行政权力体制、优化行政层级和行政区设置及加强行政决策、行政程序、行政问责等制度设计，优化行政权力运行和监督体制；通过激活各级人大及其常委会的询问、质询、调查、罢免等制度，落实人大及其常委会的监督职能；通过改革司法财政保障体制、突破司法机关按行政区划定设置的制度、实行审判委员会去行政化举措，保障司法独立。

二、法律平等

在法律领域，深化和推进以司法公正为核心的法律制度改革，确保法律面前人人平等的实现，是当前司法改革的主要目标。党的十八届三中全会指出：深化司法体制改革，加快建设公正高效权威的社会主义司法制度，维护人民权益，让人民群众在每一个司法案件中都感受到公平正义。

相关链接

我们提出要努力让人民群众在每一个司法案件中都感受到公平正义，所有司法机关都要紧紧围绕这个目标来改进工作，重点解决影响司法公正和制约司法能力的深层次问题。

要坚持司法为民，改进司法工作作风，通过热情服务，切实解决好老百姓打官司难问题，特别是要加大对困难群众维护合法权益的法律援助。司法工作者要密切联系群众，规范司法行为，加大司法公开力度，回应人民群众对司法公正公开的关注和期待。要确保审判机关、检察机关依法独立公正行使审判权、检察权。

任何组织或者个人都必须在宪法和法律范围内活动，任何公民、社会组织和国家机关都要以宪法和法律为行为准则，依照宪法和法律行使权利或权力、履行义务或职责。

——《不断开创依法治国新局面——习近平在中共中央政治局第四次集体学习时的讲话》

“让人民群众在每一个司法案件中都感受到公平正义”，这是党对司法改革提出的极高目标。其一，每一个案件、无一例外的公正，显示了我们党对冤假错案的零容忍态度以及对贯彻落实法律平等原则的坚定决心。其二，司法的公平正义，要求司法所实现的公正是全面公正，既是结果意义上的判决公正，又是执行程序和适用法律规则上的平等正义。其三，要让人民群众感受到公正，就必须进行司法公开，保证公民的知情权、表达权、监督权和平等参与的权利。总之，党对司法体制改革所提出的总体目标，充分体现了法律平等精神和公平正义的要求。

为顺利实现司法改革总目标，我们在思想上应该重视以下三种关系的处理：第一，既坚持党的领导又保持司法机关的独立性。司法改革是社会主义司法制度的自我完善、自我发展，必须坚持党的领导。只有党的领导，才能保证司法改革的社会主义方向，才能保证包括司法体制改革在内的社会主义各项体制改革的顺利开展。然而，党的领导主要是政治、政策和思想组织上的领导，不是包办和替代司法机关依法办案，司法机关有独立行使其职能的义务。《中华人民共和国宪法》规定，中华人民共和国公民在法律面前一律平等，任何组织或者个人都不得有超越宪法和法律的特权。这表明，党组织和党员个人都要遵守宪法和法律，依法执政、依法行政，司法机关对党组织和党员个人的行为有司法监督的权利与义务，而宪法和法律本身是党领导人民制定的法律法规，因此，党的领导与司法独立并不矛盾。

第二，既坚持司法专业化又坚持群众路线。一方面，司法活动是司法机关及其工作人员依据法定程序和法定职权，具体运用法律处理案件的专门性活动。司法活动需要司法人员具备良好的职业操守、渊博的法律知识、缜密的逻辑思维、丰富的司法经验。这就要求司法部门打造一支专业化队伍，这支队伍能够准确运用法律，高效、公正地处理案件。另一方面，司法的根本目的在于为人民利益提供保障，因此，必须坚持群众路线，引导人民群众了解司法、参与司法、监督司法，共同维护法律尊严，共同促进司法工作公平正义地开展。

第三，既有顶层设计又不乏基层探索。司法改革涉及司法权力调整和司法资源配置等多层次、全方位的体制建设，它关系到人民群众切身利益，关系到法治中国建设的大局，必须坚持党的统一领导和顶层设计。只有这样，才能统筹兼顾中央与地方、司法部门与行政部门、当前任务和长远规划之间的关系，保证司法改革的具体举措适应我国社会主义各项事业的整体发展。同时，法律的生命在于实践，司法机关是司法改革的具体执行者，只有立足于司法实践，及时准确把握群众的司法需求，才能从根本上、源头上积累经验，探索和创新切实可行的改革办法，完善和丰富顶层设计。

司法改革是一个系统工程，主要包括三个方面的改革内容。一是司法管理权体制改革，理清司法机关与外部行政机关的职权关系，保证司法独立性。二是司法机关内部机制职权优化配置，提高司法效率，保证司法公正。三是人权司法建设，保证司法公开、公平、公正地为人民谋利益。

司法管理权体制改革，具体来讲，包括法院检察院管理体制改革、案件管辖制度改革、司法人员职业化改革、司法职业保障管理改革等。这些改革举措基本指向一个目的，即去除司法地方性干扰，保持司法独立性。宪法和法律规定，法院检察院依法独立行使司法权，不受行政机关、社会团体和个人的干涉。然而，近年来，地方司法活动经常受到地方党政机关干部的非法干预，他们或是为自己，或是为自己的私交，或是为自己的上下级同僚，或是为所谓的地方利益，给司法机关打招呼、要求他们徇私枉法。司法机关由于在人力、财物上受制于地方，往往屈从于地方压力，做不到依据宪法和法律秉公执法。为此，司法改革的首要任务是去除地方行政干预，保证司法公正独立。

司法机关内部职能机制改革，包括司法职权优化配置改革、审判责任制度改革、法院职能改革等。这一系列改革旨在推动司法机关内部去行政化。虽说地方党政机关干预司法办案的现象时常发生，但司法机关内部上级领导对下级司法人员的办案干预更频繁、更便利。一般司法人员或是为了规避错案风险，或是顾及自己的工资福利或仕途发展，往往置公正司法要求于不顾，屈从上级指示、徇私枉法。现行司法改革将司法机关内部职能机制改革列为重点，优化司法资源配置，强化司法人员问责制，保证司法人员在法律面前一律平等，从而促进公正执法的实现。

人权司法建设的内容较庞杂，主要有司法公开改革、减刑假释和保外就医改革、司法民主改革、涉案财产处置制度改革、错案防范制度改革、死刑制度改革、废除劳教制度、健全社区矫正制度、健全国家司法救助制度、完善法律援助制度、完善律师制度等。这些改革方案指向对公民知情权、表达权和平等参与、平等监督权利的保障，此外，保障基本人权正常行使、维护基本人权不受侵犯，也是一个重要目的。

由上述可知，司法改革涉及面广，既有司法内部机制改革又有司法外部环境调整；改革力度大，既有管理层制度改革又有工作机制改革；改革标准高，既要保证司法办案的高效性又要保证公平公正。因此，要做到司法改革的顺利进行，我们必须坚持党的领导，坚定直面问题的勇气，统筹规划、合法安排。让我们为实现司法公正、为保障人民利益、为建设法治中国而努力奋斗吧！

三、经济平等

收入分配制度是经济社会发展中一项带有根本性、基础性的制度安排，是社会主义平等观制度化实现的重要内容。社会主义平等观落实到分配制度上的诉求，用邓小平理论表达，即消除两极分化，最终达到共同富裕。共同富裕是社会主义生产关系和经济社会高度发展的最终结果，集中反映了社会主义本质。对它的最早阐述见于马克思对未来社会的构想，建立在生产资料公有制基础上的社会“生产将以所有的人富裕为目的”①。在分配制度上适用共同富裕标准，是社会主义区别和超越资本主义的根本标志。

相关链接

走社会主义道路，就是要逐步实现共同富裕。共同富裕的构想是这样提出的：一部分地区有条件先发展起来，一部分地区发展慢点，先发展起来的地区带动后发展的地区，最终达到共同富裕。如果富的愈来愈富，穷的愈来愈穷，两极分化就会产生，而社会主义制度就应该而且能够避免两极分化。

——《在武昌、深圳、珠海、上海等地的谈话要点》

根据马克思主义剩余价值学说对资本主义制度的分析，在生产资料私有制基础上的资本运动，其结果是两极分化：在资产阶级这一极是财富的积累，同时另一极，即工人阶级方面，“是贫困、劳动折磨、受奴役、无知、粗野和道德堕落的积累”②。只有在共产主义社会，在生产资料共同占有的基础上重新建立的分配关系，才能消除资本主义两极分化，最终实现共同富裕。然而，共产主义社会有两个不同阶段，在不同阶段上共同富裕的水平是有差距的。

共产主义初级阶段即社会主义，是按劳分配基础上的共同富裕。虽然社会主义社会建立了生产资料公有制，取消了生产资料作为奴役手段的资本主义生产方式，但是，由于受经济社会发展水平的限制，物质财富积累和人们思想觉悟的程度还不足以支持人的自由而全面发展，因此，在社会生产和社会总产品的分配过程中，只能撇开生产者内在的丰富个性，仅仅把他当作一个劳动者，根据他向社

① 《马克思恩格斯全集》，中文1版，第46卷下，222页，北京，人民出版社，1980。
② 《马克思恩格斯文集》，第5卷，744页，北京，人民出版社，2009。

会提供的劳动量，分配其相应份额的社会总产品。这就是按劳分配制度。尽管社会主义条件下，已经实现了每一个劳动者作为平等的社会成员联合起来共同占有社会生产资料，但是，由于他们自然禀赋不同、体力或智力不同、劳动时间或劳动强度不同，因此他们各自提供的劳动量也不相同，由此，按劳分配制度下他们对社会总产品占有的份额也就不平等了。这种由劳动决定的不平等分配关系，比起资本主义条件下，那种由私有资本所决定的、两极分化的分配关系，要公平得多、正义得多，代表着人类历史的巨大进步。然而，和共产主义高级阶段相比，按劳分配所实现的共同富裕程度还很有限。

共产主义高级阶段通过按需分配实现共同富裕。共产主义高级阶段的基本经济制度与社会主义一样是生产资料社会公有制，所不同的是社会生产力高度发展，集体财富充分涌流，人们思想觉悟普遍提高。与此同时，不自由的社会分工消失了，脑力劳动与体力劳动的对立消失了，劳动不再是谋生手段，其本身成为生活的第一需要，每个人都获得自由而全面发展。于是，财富分配方式不再按照劳动这个同一标准进行，而是采取“各尽所能、按需分配”的自由原则进行。每个社会成员可以按照其个性发展的需要，共享无限丰富的社会财富，经济平等在每个人自由而全面发展中真正得到落实。

社会主义是共产主义的初级阶段，而我们正处在社会主义的初级阶段，就是不发达的阶段。从这个实际出发，我们确立以公有制为主体、多种所有制经济共同发展的基本经济制度，并在此基础上，实行按劳分配为主体、多种分配方式并存的收入分配制度。这种分配制度建立在公有制为主体的基本经济制度之上，其性质根本区别于资本主义按资分配的模式，它的制度目标指向消除资本主义两极分化，最终实现共同富裕。然而，按劳分配以外多种分配方式存在的分配格局，决定了我们在社会主义初级阶段所能达到的共同富裕，与社会主义按劳分配制度下的共同富裕仍有相当的差距。

相关链接

我国仍处于并将长期处于社会主义初级阶段，是世界上人口最多的发展中国家，区域之间发展条件差异大，城乡二元结构短期内难以根本改变，工业化、信息化、城镇化和农业现代化还在深入发展。要充分认识到，当前收入分配领域出现的问题是发展中的矛盾、前进中的问题，必须通过促进发展、深化改革来逐步加以解决。解决这些问题，也是城乡居民在收入普遍增加、生活不断改善过程中的新要求新期待。同时也应该看到，深化收入分配制度改革，是一项十分艰巨复杂的系统工程，涉及方方面面利益调整，不可能一蹴而就，必须从我国基本国情和发展阶段出发，立足当前、着眼长远，克难攻坚、有序推进。

——《关于深化收入分配制度改革的若干意见》

在社会主义初级阶段，多种分配方式并存是收入分配制度的一大特点。按劳分配的多种分配方式，其实质就是按资本、技术、管理等生产要素的市场占有状况进行分配。我们实行按生产要素分配的必要性和根据在于，社会主义初级阶段的市场经济存在生产要素的多种所有制。各种生产要素在市场上同劳动一起，都是物质财富的创造源泉，是社会生产不可或缺的因素，因此，当它被排他性地占有时，只有实行按生产要素分配的原则才能有效地利用它来发展生产。由于社会成员拥有生产要素的种类和数量都是不等的，因此，按生产要素分配收入的结果必然也是不平等的，而且，这种不平等程度，比按劳分配制度下的不平等要深得多。更为严重的是，历史形成的地区之间、部门之间、城乡之间发展程度的不等，产生对生产要素积累的不等，进一步扩大了按生产要素分配所造成的收入差距。当然，在社会主义条件下，按生产要素分配方式所引起的收入差距，绝不会发展到资本主义性质的两极分化。因为以公有制为主体的经济基础和以按劳分配为主体的分配制度，为我们朝向共同富裕发展提供了社会主义制度保障。不仅如此，我们在实行按劳分配和按生产要素分配相结合的分配制度基础上，本着效率与公平兼顾的原则，建立了初次分配和再分配相结合的分配机制。这个分配机制进一步调节了收入差距。初次分配注重效率，充分发挥市场的决定性作用，维护以劳动收入为主体地位、多种渠道收入并存的收入状态；再分配更加注重公平，通过国家税收、社会保障、转移支付等政府调控手段，缩小初次分配所造成的差距。综上所述，社会主义初级阶段以按劳分配为主体的分配制度和再分配机制，为共同发展、共同富裕提供了良好的制度保障。

改革开放30多年来，实行以按劳分配为主体、多种分配方式并存的分配制度，建立以税收、社会保障、转移支付为主要手段的再分配调节框架，有力推动了社会主义市场经济体制的建立，极大地促进了国民经济的快速发展，城乡居民人均实际收入平均每十年翻一番，家庭财产稳定增加，人民生活水平普遍提高。实践证明，我国收入分配制度是与基本国情、发展阶段总体相适应的。特别是党的十六大以来，按照科学发展观和构建社会主义和谐社会的要求，充分发挥再分配调节功能，加大对保障和改善民生的投入，取消农业税，增加涉农补贴，加快建立社会保障体系，提升城乡最低生活保障标准和扶贫标准，提高企业退休人员基本养老金水平，等等。近年来，农村居民收入增速快于城镇居民，城乡收入差距缩小态势开始显现，居民收入占国民收入比重有所提高，收入分配制度改革取得新的进展。同时也要看到，收入分配领域仍然存在一些亟待解决的突出问题，主要是城乡区域发展差距和居民收入分配差距依然较大，收入分配秩序不规范，隐性收入、非法收入的问题比较突出，部分群众生活比较困难，宏观收入分配格局有待优化。这些收入差距和分配不公等问题是在改革发展过程中产生的，其本质上是发展水平不够和改革不到位造成的。正因为如此，我们一方面要继续坚持以经济建设为中心，解放生产力、发展生产力，为共同发展、共同富裕创造更加丰富的物质财富；另一方面，要深化收入分配制度改革，优化收入分配结构，切实解决一些领域分配不公问题，规范收入分配秩序，防止收入分配差距过大，使发展成果更多更公平地惠及全体人民，为实现共享成果、共同富裕奠定制度基础。只有这样，社会主义平等在经济领域才能真正得以落实。

为完善收入分配结构和制度，国务院下发的《关于深化收入分配制度改革的若干意见》明确指出，从以下四个方面深化收入分配制度改革：一是继续完善初次分配机制，二是加快健全再分配调节机制，三是建立健全促进农民收入较快增长的长效机制，四是推动形成公开透明、公正合理的收入分配秩序。

完善初次分配机制，主要是完善劳动、资本、技术、管理等要素按贡献参与分配的初次分配机制。实施就业优先战略和更加积极的就业政策，鼓励自主创业，创造平等就业环境，提升劳动者劳动技能，形成更高质量的就业模式。深化工资制度改革，完善企事业、机关单位工资制度和增长机制。推动各种所有制经济依法平等使用生产要素、平等参与市场竞争、平等受到法律保护，形成主要由市场决定生产要素的价格机制。

健全再分配调节机制，主要是健全以税收、社会保障、转移支付为主要手段的再分配调节机制。健全公共财政体系，完善转移支付制度，调整财政支出结构，集中更多财力用于保障和改善民生、促进和落实教育公平。加大税收调节力度，改革个人所得税制度，完善房地产税等财产税种，优化税收结构，减轻中低收入者和小型微型企业税费负担，形成有利于社会公平的税收制度。全面建成覆盖城乡居民的社会保障体系，完善基本养老保险制度，健全全民医保体系，加大保障性住房供给，加强对困难群体救助和帮扶，大力发展社会慈善事业，为低收入人群平等参与社会各项事业创造条件。

建立健全促进农民收入较快增长的长效机制，就是要坚持工业反哺农业、城市支持农村和多予少取的基本方针，加快完善城乡发展一体化体制机制。加大强农惠民富农政策力度，增加农民家庭经营收入，健全农业补贴制度，合理分离土地增值收益，加大扶贫开发投入，促进工业化、信息化、城镇化和农业现代化同步发展。促进公共资源在城乡之间均衡配置、生产要素在城乡之间平等交换和自由流动，建立健全农业转移人口市民化机制，统筹推进户籍制度改革和基本公共服务均等化。

推动形成公开透明、公正合理的收入分配秩序，就是要大力整顿和规范收入分配，形成公开透明、公正合理的收入分配秩序。加快收入分配相关领域立法，加强执法监管力度，维护劳动者合法权益，清理规范工资外收入，加强领导干部收入管理，加大反腐力度，严格规范非税收入，打击和取缔非法收入，健全现代支付和收入监测体系，加强信息公开，提升技术保障，实行社会监督机制。

四、社会平等

社会保障是指国家依法动员社会各方资源，保证无收入、低收入以及遭受各种意外灾害的公民能够维持生存，保障劳动者在年老、失业、患病、工伤、生育时的基本生活不受影响，同时根据经济社会发展状况，逐步增进公共福利待遇，提高国民生活质量。社会保障是现代国家最重要的社会经济制度之一。建立健全与我国国情相适应的社会保障体系，是经济社会协调发展的必然要求，是实现社会主义平等价值目标的重要保证。

相关链接

第一条　为了规范社会保险关系，维护公民参加社会保险和享受社会保险待遇的合法权益，使公民共享发展成果，促进社会和谐稳定，根据宪法，制定本法。

第二条　国家建立基本养老保险、基本医疗保险、工伤保险、失业保险、生育保险等社会保险制度，保障公民在年老、疾病、工伤、失业、生育等情况下依法从国家和社会获得物质帮助的权利。

第三条　社会保险制度坚持广覆盖、保基本、多层次、可持续的方针，社会保险水平应当与经济社会发展水平相适应。

第四条　中华人民共和国境内的用人单位和个人依法缴纳社会保险费，有权查询缴费记录、个人权益记录，要求社会保险经办机构提供社会保险咨询等相关服务。

个人依法享受社会保险待遇，有权监督本单位为其缴费情况。

——《中华人民共和国社会保险法》

体现人人平等的原则是社会保障体系的基本要求。第一，社会保障正是基于一个国家统一平等的公民权利而设置的保障制度。《中华人民共和国宪法》规定：国家尊重和保障人权；建立健全同经济发展水平相适应的社会保障制度；公民在年老、疾病或者丧失劳动能力的情况下，有从国家和社会获得物质帮助的权利。国家发展为公民享受这些权利所需要的社会保险、社会救济和医疗卫生事业。国家和社会保障残废军人的生活，抚恤烈士家属，优待军人家属。国家和社会帮助安排盲、聋、哑和其他有残疾的公民的劳动、生活和教育。这些条款表明，每个公民都有权得到维护生存所必需的基本生活资料和基本医药卫生条件，我国社会保障制度对满足公民基本生活需要负有强制性责任。同时，由于每个公民的公民权利是平等的，因此，公民所获得的社会保障待遇也应该是平等的。然而，事实上，任何一个国家的社会保障体系都难以在其社会成员之间实现绝对平等，尽其所能地保障每个公民获得保障的权利，是每个现代国家努力的方向，也是我国社会主义建设努力的方向。

第二，社会保障将社会平等落到实处。党的十八大明确指出，我们的任务是，努力营造公平的社会环境，保证人民平等参与、平等发展权利，使发展成果更多更公平地惠及全体人民，使全体人民朝着共同富裕的方向稳步前进。从这里可以看出，社会主义平等决不止步于每个人在生活、就业、健康、教育等方面可以享有基本权利和基本待遇，更重要的是，应使每个人能够自由而全面发展，实现共享成果、共同富裕。共同富裕是社会主义的本质要求，我们的各项事业，可以说，都是为了最终实现共同富裕而全面铺开的，社会保障事业也不例外。尤其是当前，虽然经过改革开放30多年的探索和实践，我们生活总体上达到小康水平，但收入分配差距拉大的趋势还很严重，小康生活还没有普遍惠及每一个中国人。这就对社会保障制度建设提出了更高要求，作为一项国民收入再分配机制，社会保障肩负着合理分配资源、缩小收入差距、促进社会公平的重要使命。社会保障制度如何适应这一工作的要求，是我们当前面对的一个重大课题。

第三，社会保障促进权利与义务平等。强调权利与义务的平等统一，是社会主义平等观的一大特色。马克思说，没有无义务的权利，也没有无权利的义务。权利、义务在总量上大体是相等的。如果权利的总量大于义务的总量，那么，有的权利就将形同虚设；同理，如果义务的总量大于权利的总量，那么，就必然产生特权。并且，权利与义务在功能上是互补的。权利的享受有助于义务的积极履行，在许多情况下，不主张权利，也就没有义务的履行。在社会保障制度下，我们也贯彻权利与义务平等的原则，鼓励个人积极缴纳社保费用，多缴多得、迟缴迟得、不缴不得。这不仅有利于扩展社会保障的融资渠道，而且有利于调动人民生产生活的积极性，增强社会活力，促进经济社会发展。

新中国成立以来特别是改革开放30多年来，我国加快社会保障改革发展，加强社会保障制度建设，经过不懈努力，中国特色社会保障制度已经初步确立，城乡基本养老保险制度全面铺开，新型社会救助体系基本形成；全民医保基本实现，城乡基本医疗卫生制度初步建立，社会保险待遇水平大幅提高；基本公共服务水平和均等化程度明显提高，教育事业发展，城乡免费义务教育全面实现。总体来说，我国社会保障事业快速发展，为保障和改善民生、维护公平正义和经济社会发展作出重要贡献。但是，与此同时，我们必须清醒地看到，我们的社会保障工作还存在许多不足，尤其是社会保障的城乡差异、地区差异、群体差异明显，不平等不公正的问题还很突出。

当前社会保障的不平等首先表现在我国社会保障制度化的城乡差异方面。长期以来，我国社会结构一直存在城乡二元体制，这既是一个落后大国的历史遗留问题，也是一个近期经济社会发展不平衡问题。这个二元结构问题反映在社会保障机制上，就是城乡之间社会保障制度不统一，保障待遇水平也不平等，城市居民所享受的社会保障制度远远优越于农村。除了城乡之间的差距以外，地区之间也存在社会保障差距。由于地区间经济社会发展水平和人均收入水平都存在差异，同时，由于我国社会保障制度的碎片化模式，导致社会保障地区间不合理差距。目前我们社会保障很大程度上依靠地方财政出资，这就导致不同地区保障制度和保障力度存在明显差距，发达地区保障制度较健全、保障力度较大，而欠发达地区在制度上和力度上都处于劣势。若要改善地区社会保障差距问题，加快地区间保障制度统一和衔接的工作刻不容缓。此外，城市内部各群体之间社会保障差距也很大。行政事业单位与企业、国有企业与私人企业、城市居民与企事业单位，以及不同行业、不同部门之间都存在各种各样的社保差异。这些差异，一方面是特权问题的一个现象反映；另一方面，主要是由社会保障制度不合理、管理碎片化造成的。因此，如何改善群体之间社会保障差异，也是今后社会保障制度改革的一大重点。

具体来说，社会保障制度改革主要有以下三个重点：第一，扩大社会保险覆盖面。将符合条件的各类群体纳入相应的社会保险制度，重点做好城乡居民、农民工、非公有制经济组织从业人员、灵活就业人员的参保工作；新农保、城镇居民养老保险、医疗保险实现制度全覆盖，推动事业单位养老保险制度改革，探索机关公务员养老保险制度改革，扩大失业、工伤、生育保险覆盖面，积极推进城乡残疾人和各类困难群体参加社会保险。第二，加快社会保障制度统筹。制定和完善城乡社会保险制度衔接办法，统筹城乡社会养老保险和基本医疗保险政策，完善各项社会保险关系跨区域转移接续办法；探索建立统筹城乡的社会保障管理体制，逐步推进城乡居民养老、医疗保险统一经办管理；稳步提高各项社会保险统筹层次，合理安排各保险项目的地市级统筹、省级统筹、全国统筹。第三，健全社会保障服务体系。大力发展老龄服务事业和产业，健全残疾人服务体系，完善社会福利制度；办好学前教育、义务教育、高中教育、职业教育、高校教育和继续教育，促进教育公平；实施就业优先战略和更加积极的就业政策，加强职业技能培训，完善就业服务体系；深化收入分配制度改革，增加居民收入；推进医疗保障、医疗服务、公共卫生、药品供应、监管体制综合改革，提高人民健康水平。

为了保证上述三类社会保障制度改革的顺利进行，必须强化社会保险监管机制。一方面，建立健全社会保险基金预决算制度，健全行政监督与社会监督相结合的监管体系，提升社会保险基金监管技术和能力。另一方面，加强社会保险机构能力建设，推进社会保险经办服务规范化、信息化、专业化建设，健全管理体制，整合经办资源，加强经办机构服务设施建设，规范服务流程，提升管理手段。

总之，我们必须坚持广覆盖、保基本、多层次、可持续方针，加快推进覆盖城乡居民的社会保障体系建设，基本落实人人享有社会保障，稳步提高社会保障水平，为全面建成小康社会构建适合我国国情的、公平合理的社会保障网络而努力奋斗。

图书在版编目（CIP）数据

社会主义核心价值观·关键词．平等/韩震总主编；吴晓云主编．—北京：中国人民大学出版社，2015.4

ISBN 978-7-300-21043-8

Ⅰ.①社… Ⅱ.①韩…②吴… Ⅲ.①社会主义建设-价值论-中国 Ⅳ.①D616

中国版本图书馆 CIP 数据核字（2015）第 067719 号

社会主义核心价值观·关键词

总主编 韩 震

平 等

吴晓云 编著

Pingdeng

出版发行	中国人民大学出版社		
社　　址	北京中关村大街 31 号	**邮政编码**	100080
电　　话	010－62511242（总编室）		010－62511770（质管部）
	010－82501766（邮购部）		010－62514148（门市部）
	010－62515195（发行公司）		010－62515275（盗版举报）
网　　址	http://www.crup.com.cn		
经　　销	新华书店		
印　　刷	天津中印联印务有限公司		
规　　格	160 mm×235 mm　16 开本	**版　　次**	2015 年 5 月第 1 版
印　　张	6.25 插页 1	**印　　次**	2021 年 11 月第 3 次印刷
字　　数	70 000	**定　　价**	28.00 元